U0514992

本书受 2018 年度云南省哲学社会科学学术著作出版和

中共云南省委党校（云南行政学院）人才引进科研启动金资助

RESEARCH ON REGULATION
OF CHINESE TOBACCO

中国烟草业
规制问题研究

——原因、措施与影响
—Causes, Measures and Influences

申珅 著

社会科学文献出版社
SOCIAL SCIENCES ACADEMIC PRESS (CHINA)

则需要引起重视和加以防范。第五章，中国烟草业规制的影响。基于实证的角度，首先，利用 PLS - SEM 模型研究规制对我国烟草生产的影响，测度内外部因素的影响程度，发现烟叶税的影响最大。其次，通过 X 烟草的数据来分析规制对我国烟草企业流通竞争力的影响，结合主成分分析法和偏最小二乘法，发现资本结构、人力资本和研发等的影响显著，同时揭示了流通竞争力和地方财政相互促进的现状。再次，采取最优规划法分析规制执行者内部的信息不对称问题，利用博弈论分析规制产生的烟草零售商困境以及地区流通困境，讨论烟草零售商之间的"价格战"以及烟草企业与地方政府之间、地方政府之间、省域烟草企业之间的行为决策。最后，利用博弈论分析了烟草业规制虽然在控烟和维护烟农利益方面具有积极作用，但也带来了烟叶种植面积不减反增的不利影响。此外，通过云南省玉溪市的案例来分析烟草业规制的"双控"政策效应，讨论其带来的积极导向作用和不利影响。第六章，中国烟草业规制存在的问题分析。首先，讨论国家烟草专卖制度存在的问题，分析烟草业规制的政策悖论。其次，分析烟农受到的双重"剥削"：一是烟草专卖局（公司）在烟草收购环节的"剥削"，二是政府税收的"剥削"。再次，讨论烟草税设置和征收的不合理性，并分析烟草业规制中的信息不对称以及寻租、套利和非法交易等问题。最后，讨论地方保护主义现象，它虽然阻碍了我国烟草业的兼并重组和烟草制品的自由流通，但也实现了地方烟草企业和地区经济的"双赢"。第七章，结论、政策建议与展望。本章是全书的总结，提出有针对性的政策建议，并对今后的研究进行展望，方便学者们做进一步研究。

关键词：烟草业　规制　流通

Abstract

Tobacco industry has been acting as the "double – edged sword" of e-
conomic development and harmful to health. Tobacco has been concerned
by the international community since it was found, which has the charac-
teristics of addiction, high revenue, high tax, monopoly, harmness and so
on. Four transnational tobacco companies are the representatives of inter-
national tobacco industry, which controlled almost the whole tobacco mar-
ket except China. China has been carrying out the national tobacco monop-
oly system, which regulates tobacco cultivation, purchase, processing,
marketing, etc. After joining WTO, multinational tobacco companies came
to China continuously and put pressure on China with the help of interna-
tional political and economic power in order to cancel the national tobacco
monopoly system. After signing *Framework Convention on Tobacco Control*
(FCTC), China began to develop tobacco industry according to interna-
tional standards, which brought more strict requirements on each link of
tobacco production and circulation, and the continuous improvement on to-
bacco industry in our country. As for the research of Chinese tobacco in-
dustry, most scholars are confined to the discussion of monopoly system
that is lack of in – depth analysis about the specific link. Thus, this paper
tries to find existing problems and propose targeted policy suggestions
based on the research of tobacco industry regulation, in order to let Chi-
nese tobacco industry find a healthy and stable road under the implementa-

tion of limited governmental regulation.

This book studies tobacco industry based on field survey data by using theories of Industry Economics and Circulation Economics, which also combining Econometrics and Game Theory analysis to realize the organic combination of theory and practice and remedy the lack of empirical research on tobacco industry. It means to develop relevant theories and models further, which is more suitable for China. Its basic contents: Chapter 1, introduction. It introduces research background and significance, related concepts, main contents, research methods, innovation and deficiency, structural framework of this paper. Chapter 2, literature review. This paper hopes to do a more intensive research based on the review of theoretical basis involved and related research at home and abroad, which finds the lack of related research and correct it. Chapter 3, current situation of Chinese tobacco industry. Firstly, it explains the international background of developing Chinese tobacco industry, which introduces situation of international tobacco including four multinational tobacco companies and two multinational tobacco leave companies. Then, it discusses production and circulation status of tobacco industry in our country. Besides, it shows that Chinese tobacco has advantages of optimum area and tobacco varieties, owns huge cigarette production and the most smokers of the world, but also exists problems of tobacco quality is generally low, international market competitiveness is weak, production and circulation are lack of motivation, innovation and human resources are short, etc. The most serious situation is smuggling and counterfeit of cigarettes. Moreover, it points out facing opportunities and challenges after Chinese tobacco industry joined WTO and signed the Convention. Finally, it uses SC framework to analyze characteristics of Chinese tobacco industry, which finds that the market concentration is low; there are strict entry and exit barriers, the license system, various product and brand for winning; Chinese tobacco industry has tax effect; corresponding market behaviors are mainly monopoly, merger and acquisition, disguised advertising and efforts to research and development and so on. Chapter 4, causes, measures and the evolution of Chinese tobacco industry regulation. Firstly, it analyzes the causes of Chinese tobacco industry regulation, including negative externality of tobacco products, tobacco wholesale market chaos, the overcultivation and purchase of tobacco leave, tobacco industry has extremely strong market power and creates social welfare net loss, the financial dependence of governments on tobacco industry. Among them, it combines with original – dual Solow residual method and new empirical industrial organization method to estimate the market power of tobacco industry, and uses the highest limit estimation method to calculate the net loss of social welfare caused by market power, which proves there is a high market power and net loss that showed a trend of increasing year by year. Then, it discusses related regulation measures about tobacco production and circulation, including the concept and six stages' development of tobacco circulation as well as the present situation and current distribution strategies of four multinational tobacco companies. In addition, this chapter also introduces the history and current situation of American, Japanese and European Union's tobacco industry regulation, whose legal measures of the market – oriented operation, standardization and legalization construction, strict controls of adolescent smoking and "secondhand smoke", the national support are worthy of reference for our country, but the phenomenon of tobacco companies that intervene in the political and economic life should be brought to our country's immediate attention and protect against it. Chapter 5, the influence of Chinese tobacco industry regulation. This chapter is based on empirical view. Firstly, it uses PLS – SEM to study the influence of regulation on tobacco production in China, which measures the impact of internal and external factors, a-mong which the effect of tobacco leave tax is the most. Secondly, it does empirical research of analyzing the influence of regulation on Chinese to-bacco companies' circulation competitiveness based on the data of X tobac-co in Yunnan province by combining principal component analysis and par-tial least squares method, which shows the influence of capital structure and research & development are significant, as well as revealing that circu-lation competitiveness and current situation of local governments promote each other. Thirdly, it adopts the optimal planning method to analyze in-ternal information asymmetry problem of regulation executor. Fourthly, it uses Game Theory to analyze and the regulation the dilemma of tobacco re-tailers and regional circulation caused by regulation, which discusses "price war" between tobacco retailers and the behavior decision of tobacco companies and local governments, between local governments, provincial tobacco companies. Finally, it also uses Game Theory to analyze that to-bacco industry regulation is positive for controlling tobacco and maintaining tobacco farmers' interests, also has negative effect of increasing tobacco planting area rather than reducing. Additionally, it also analyzes "double control" policy effect in tobacco industry regulation through the case of Yuxi city in Yunnan province, which discusses its positive guiding effect and negative influence. Chapter 6, analysis of problems existing in tobacco industry regulation. Firstly, it discusses existing problem in the state to-bacco monopoly system, analyzes policy paradox of the market by tobacco industry regulation. Then, it analyzes "double exploitation" for tobacco farmers, which is exploited in tobacco purchase link of tobacco monopoly administration (company) and government tax. Then, it discusses the un-reasonable settings and collection of tobacco tax. After that, it analyzes problems of information asymmetry, rent – seeking, arbitrage and illegal trade in tobacco industry regulation. Finally, it analyzes the phenomenon of local protectionism , which hindered the annexation and reorganization of Chinese tobacco industry as well as the free movement of tobacco products, but has realized the "win – win" of local tobacco enterprises and regional economy. Chapter 7, conclusion, policy suggestion and prospect. This chapter is the summary of the whole book, putting forward policy recommendations accordingly, and prospecting the following research which is convenient for scholars to do further research.

Keywords: Tobacco Industry; Regulation; Circulation

序　言

中国烟草业一直是学术界和社会各界关注的焦点，也是烟农赖以生存的基础。我国签署《烟草控制框架公约》之后，国际烟草业特别关注我国烟草专卖制度改革及烟草业规制建设。然而，关于中国烟草业的研究，大部分学者局限于对烟草专卖制度的讨论，缺少对烟草生产、流通各环节规制的深入分析。

本书作者本科就读于中国人民大学经济学院经济学基地班，辅修农林经济管理第二学位，之后被保送到武汉大学攻读产业经济学硕士学位，毕业后又回到中国人民大学攻读商业经济学博士学位。他的经济学和管理学基础扎实，计量经济学方法应用熟练，实地调查经验丰富，具有很强的研究能力。

自上本科起，本书作者就专注于对烟草业的研究，对这一领域的问题非常感兴趣，熟悉这一领域的研究前沿。在北京市农业局的实习经历加深了他对烟叶生产及管理的直观了解，使他能够近距离接触烟农，深入了解其诉求。本科、硕士、博士期间的学习和科研训练，让他得以深入研究我国烟叶从种植、收购到生产和销售的全过程，结合国际烟草业发展现状，理论与实践并重，分析存在的问题，并提出有针对性的政策建议，其见解独到。

我是本书作者本科毕业论文的指导老师，见证了该研究从雏形到成形的整个过程。其间，本书作者和我讨论过烟叶的生产与销售等问题，也讨论过书稿的内容。

本书全面描述了我国烟草业的生产和流通现状，系统分析了我国烟草业的优势以及在国际市场上的竞争地位，并讨论了我国烟农的生存状况以及烟草业存在的道德风险、逆向选择、寻租和套利等问题。此外，本书还进一步利用计量经济学和博弈论等现代经济分析方法，研究我国烟草业的发展和规制以及烟草规制的影响，其中市场势力、流通竞争力等都是烟草行业经济分析研究的前沿问题。本书的研究方法及结论均具有创新性，主要研究发现对维护我国烟草市场的健康稳定发展也具有重要的现实意义。

教授　博士

中国人民大学农业与农村发展学院副院长

前　言

　　中国烟草业始终是社会各界关注的焦点，中国加入 WTO 后，烟草市场逐渐开放并与国际接轨，尤其是《烟草控制框架公约》的签署，意味着我国需要按照国际规则发展烟草业。国际上在限制烟草业发展的同时，通过不断兼并重组，形成了以奥驰亚集团为代表的跨国烟草巨头，控制了世界烟草市场。中国一直实行烟草专卖制度，烟叶的种植与收购按照相关政策进行，国际烟草巨头无法进入，而烟草生产及流通领域，则会受到外国资本和产品的影响，机遇与挑战并存。但是，专卖制度在保证我国烟草业健康发展的同时，也导致地方财政依赖和地方保护主义，并带来了道德风险、逆向选择、寻租和套利等问题。此外，我国烟草业的市场集中度较低，缺乏规模效应和技术创新，在国际竞争中一直处于劣势，而且烟草制品具有负外部性，不能任其发展。因此，通过有限规制来寻求一条中国烟草业健康发展之路就显得十分必要。

　　中国是世界第一大烟草国，代表性的生产大省有云南、湖南、河南、山东、湖北。中国还是烟草消费大国，中国烟民占世界吸烟总人口的 1/3 左右。烟草业是中国税收收入第一大来源行业，其利税收入占全国总利税收入的 1/10 左右，在部分地区利税收入占地方财政收入的一半以上。烟草业具有垄断性，烟草制品属于高利润、高税收产品，并具有上瘾性和危害性等特点，这些都决定了中国应该通过规制来管理烟草市场。然而，过分的规制将不利于调动烟农和烟草企业的生产积极性，并会产生严重的垄断势力和地方保护主义，再加上对烟草业的财政依赖，使烟草业的行政化色彩更加浓重，控烟保健康的目标难以实现。尤其是在中国烟草市场逐渐开放的过程中，我国烟草企业国际竞争力较弱的问题逐渐显现，而控烟问题也显得尤为紧迫。因此，随着中央再次出台公共场所禁烟令以及北京市"最严禁烟令"等一系列措施的出台，研究烟草生产和流通规制问题就显得极其重要，有限规制将成为维护我国烟草市场稳定的重要保证。

本书基于笔者本科、硕士、博士期间的研究，是中国人民大学和武汉大学九年学习和科研时光的写照，也是回到家乡工作后，对其代表性产业的再思考。本书以中国烟草业规制为研究对象，主要运用产业经济学和流通经济学等知识，利用计量经济学和博弈论等现代经济研究手段，分析我国烟草业生产和流通规制的原因、措施与影响。鉴于资料有限，不足之处在所难免，还望读者见谅。

申　珅

2018 年 6 月 26 日于彩云之南

目　录

第一章　引言

第一节　选题背景与意义

目前，全世界约有 10 亿烟民，有历史记载的吸烟行为最早可追溯到公元前 2000 年至公元前 1800 年。在人们认识到烟草业的巨额利润和吸烟的危害后，烟草就一直受到世界各国的广泛关注，在出现跨国烟草公司的同时，也逐渐形成了控烟的跨国合作，利益与健康问题始终处于激烈的对抗中。而烟草的高税收性，为各国政府尤其是地方政府的财政收入贡献了巨大份额，这也成为部分政府默认甚至支持烟草业发展的重要原因，跨国烟草公司不断对政府进行游说，希望能够实施对烟草有利的法律措施。在部分落后地区，烟草种植成为当地家庭的主要收入来源，烟草加工业的发展则吸纳了大部分劳动力，政府财政收入中烟草的相关税收所占比例较大，烟草业已经成为经济支柱。相反，反烟力量则显得势单力薄，绝大部分属于非政府组织，在经费和人员等方面都十分紧缺，大多时候还需要通过与政府及烟草企业协商的方式来实现自己的目标。国际控烟方面作用显著的公约只有世界卫生组织（WHO）制定的《烟草控制框架公约》（FCTC），主要是规定了缔约方的控烟举措以及烟草生产的基本要求。

中国烟草业是世界烟草系统的重要组成部分，具有举足轻重的地位，但在过去很长一段时间里始终处于封闭状态。中国加入 WTO

后，烟草市场才逐渐开放并与国际接轨，尤其是《烟草控制框架公约》的签署，意味着我国需要按照国际规则发展烟草业。国际上在限制烟草业发展的同时，通过不断的兼并重组，先是形成了以奥驰亚集团（前身是菲利普·莫里斯公司）为代表的跨国烟草巨头，然后菲莫国际从中分离出来，与英美烟草、日本烟草和帝国烟草共同控制着世界烟草市场。中国一直实行烟草专卖制度，烟叶的种植与收购按照相关政策进行，受到国家的严格规制。这是由于烟叶属于经济作物，出于比较收益的考虑，只要烟叶能够生长的地区，农户均会选择种植烟叶而非粮食，这就导致烟叶种植面积急剧扩大，从而使烟草业畸形发展，也将威胁我国的粮食安全。然而，烟叶由国家统收统购也使国际烟草巨头无法进入我国的原材料市场，这在一定程度上确保了中国烟草业的原材料供应。在烟草生产及流通领域，会受到国外资本和产品的影响。虽然烟草企业的国有性质保证了国家对烟草业的绝对控制权，但股份制的发展趋势和国外资本的直接投资将对其产生影响。在烟草流通领域，大量的国外香烟涌入中国市场，本土香烟将面临激烈的竞争，中国烟草业也可以借此机会不断发展和完善，因而可谓机遇与挑战并存。然而，烟草专卖制度在保证中国烟草健康发展的同时，也导致了地方税收依赖和地方保护主义，造成了对烟农的长期"剥削"，并带来了道德风险、逆向选择、寻租、套利和非法交易等问题。烟叶种植环节会发生盲目种植和黑市交易行为，烟草生产中垄断利润分配不合理和寻租现象频发，烟草流通中套利和非法交易更是屡见不鲜，更为严重的是香烟走私和假烟的生产及贩卖，尤其是后者为国际社会所广泛关注。中国烟草业虽然进行了工商业分离，但是管理烟草销售的烟草专卖局（公司）仍然存在机构设置不合理和效率低下等问题，内部的道德风险和逆向选择问题十分严重，尤其是员工与假烟生产者和销售者的"合谋"。相反，现代化的烟草流通体系则迟迟未建立，使我国的烟草流通属于高成本和低效率的模式，无法有效满足国内烟民的基本需求，更谈不上与国际著名香烟品牌展开竞争，这在一定程度上也刺激了走私香烟和假烟的发展。此外，中国烟草业的市场集中度较低，缺乏规模效应和技术创新，在国际竞争中一直处于劣势，而且烟草制品具有负外部性，不能任其发展。因此，通过有限规制来寻求一条中国烟草业健康发展之路就显得十分必要。

烟叶的比较收益和原材料属性，烟草业具有垄断性，烟草制品属于高利润、高税收产品，并兼有上瘾性和危害性等特点，这些都决定了我国应该通过规制来调控烟草市场。然而，过分的规制将不利于调动烟农和烟草企业的生产积极性，会影响市场的资源配置作用，并产生严重的垄断势力和地方保护主义，再加上地方财政依赖，使烟草业的行政色彩更加浓重，控烟保健康的目标难以实现。尤其是在中国烟草市场逐渐开放的过程中，我国烟草企业的国际竞争力较弱问题逐渐显现，而控烟问题也显得尤为紧迫。因此，在中央再次出台公共场所禁烟令的今天，研究烟草业的规制问题就显得极其重要，有限规制将成为维护我国烟草市场稳定的重要保证。

以往关于中国烟草业的研究，以规范研究为主，缺乏实证检验且主要为宏观或产业分析。因此，本书基于中国烟草业各个环节的调查研究，运用产业经济学和流通经济学等知识，利用计量经济学和博弈论等现代经济分析方法，研究我国烟草业的发展和规制现状以及存在的问题，主要意义体现在以下几个方面。

（1）系统而全面地研究中国烟草业的生产和流通环节，分析规制的原因、措施、演进、影响以及存在的问题，进而提出有针对性的政策建议以实现烟草业健康稳定发展。

（2）将理论与实践相结合，利用统计数据及相关调查数据，运用计量经济学的最新方法和模型，如原始－对偶索洛残差法（Primal－Dual SR）、新实证产业组织法（NEIO）和结构方程模型（SEM）等，对烟草业的生产、加工和流通领域进行实证研究。

（3）为了弥补烟草业微观领域研究的不足，本书利用博弈论研究烟草生产及流通中各利益主体之间的行为决策，此方法属于规制经济学最新的研究方法，能够更加深入地分析烟草业规制存在的问题并加以解决。

（4）书中关于市场势力、烟草税、流通竞争力和地方保护主义的研究属于热点和前沿，能够促进产业经济学、流通经济学和规制经济学等学科的发展和完善，并使相关理论和模型实现"中国化"。

基于以上研究，本书的实践意义主要表现在以下几个方面。

（1）全面而深刻地分析了中国烟草业的各个环节及其规制的各项政策措施，从而发现其中存在的问题并提出有针对性的政策建议。

（2）能够缓解地方政府对烟草业的财政依赖，通过建立税收返还机制和设立调整消费税等来推动烟草税改革，消除地方保护主义。

（3）能够促进烟草企业间的兼并重组，提高市场集中度，加大研发和创新力度，努力提高中国烟草业的国际竞争力，争取创建一个具有国际影响力的跨国烟草公司。

（4）能够采取相应的措施来规范烟草市场中各利益主体的行为，削弱烟草业的市场势力，减少社会福利净损失，提高烟草企业的流通竞争力，构建现代化的烟草物流体系。

（5）能够调控烟草产生的负外部性，有利于我国公共场合禁烟措施的进一步完善，从而有效防止"二手烟"的危害。

第二节　相关概念

一　烟草业

烟草业即烟草产业（行业），涵盖烟草种植、加工、销售及消费等各个环节，包括从烟叶品种选择到烟民购买香烟的整个过程。烟叶属于高税收和高收入的作物,在部分地区已成为当地家庭的主要收入来源;烟草业是高利润性和垄断性的行业,具有极强的市场势力,并造成了巨大的社会福利净损失;烟草制品具有上瘾性和危害性,烟草流通呈现行政性和有限性,还存在严重的地方保护主义。烟草制品自诞生之日起,就一直备受争议,绝大多数观点认为其存在极大的危害性,对健康造成了严重影响,并给个人和社会带来了巨大负担。然而,烟草业也为税收和经济发展贡献了力量,这在中国尤为明显,它是国家和地方财税的重要经济来源,部分地方财政甚至还产生了严重依赖。基于其特殊性,烟草业属于国家规制最多的产业,而且国际控烟要求日趋严格,跨国控烟合作也日渐频繁。此外,四大跨国烟草巨头不断发展壮大,力图控制世界烟草市场,尤其是刚开放不久的中国市场。中国属于烟草生产和消费大国,烟草市场具有极大的潜力,如何应对跨国烟草巨头的冲击和控制问题就显得尤为紧迫。

二 规制

规制(也叫管制),通常被认为是一种政府干预市场行为,通过相关政策措施来对市场主体的某些行为进行限制。规制的产生,本意是为了解决市场失灵问题,通过行政干预等手段来弥补市场的缺陷,但在实际中往往事与愿违,过度干预反而损害了市场机制甚至产生了政府失灵现象。规制主要针对垄断行业以及公共品,按照内容可以分为经济规制和社会规制,前者已经逐渐发展成为规制经济学,后者分为医疗卫生规制、安全规制和环境规制(合称"HSE 规制"),最近较热的环境规制研究也反映了各国及学者们解决环境污染问题的决心。规制按照时间划分,大致可分为以下几类。①古典规制时期。该时期重商主义盛行,以斯密、穆勒和庇古为代表,希望通过政府的干预(即规制)来解决市场失灵问题。②自然垄断时期。该时期表现为自然垄断行业的兴盛,以美国对铁路进行规制为代表,力图阻止垄断行业掠夺消费者剩余,因而出现了著名的谢尔曼法等规制措施。③放松规制时期。该时期呈现私有化浪潮,以技术变革和网络化为代表,出现了政府失灵,因而逐渐放松对电信等行业的规制。④激励规制时期。私有化浪潮并未解决企业利润与社会发展的矛盾,因而希望通过相关激励措施和引入竞争来解决垄断问题,属于规制的重造时期。对规制理论进行分类,主要有两类:一类是公共利益理论,以波斯纳为代表,强调用规制解决市场失灵问题;另一类是规制俘获理论(也译为俘虏理论),以施蒂格勒等为代表,认为规制反而有利于生产者,即其会被行业俘获。规制今后的发展方向以有限性和优化性为主,学者们也在努力寻找规制实施的最优机制,以实现与市场基础性配置作用相得益彰,而方法也逐渐向行为经济学转化,使用博弈论来研究不同利益主体的行为决策。

三 国家烟草专卖

国家烟草专卖即政府对烟草业进行干预和管理,实行国家专卖专营,按程度可以分为完全专卖和不完全专卖。世界上对烟草业实行专卖的国家数量不断减少,其中最有代表性的就是中国,而不完全专卖以日本为代表,主要表现为国家扶持。我国的烟草专卖制度表现为烟草业的专卖专营,按区域还可以分为国家专卖和地方专卖,对烟草业的整个流程进行全方位控制,包括原材料及烟草消费,原因在于烟草制品的上瘾性和危害性等。国家烟草专卖制度一直是争论的热点,其存废问题是学者们最为关心的。国家烟草专卖制度抑制了烟草业的规模化和科技化发展,尤其是产生的地方保护主义阻碍了烟草的有效流通,也不利于现代化烟草流通体系的建立。烟草地方专卖还形成了财税依赖、信息不对称、寻租、套利等问题,并刺激了非法卷烟的生产和流通。但是,该制度也保证了本国烟草业的独立性。如取消国家专卖体制的韩国,其烟草市场几乎被跨国烟草巨头所控制。因此，鉴于烟草业的特殊性，国家烟草专卖制度必须存在，以发挥"有形的手"的积极调控作用，但该制度也应该根据实际情况进行不断调整，实现诱致性制度变迁，以免形成路径依赖而影响我国烟草业的健康稳定发展。

第三节　主要内容和研究方法

一　研究目标

本书主要运用产业经济学和流通经济学的知识，利用计量经济学和博弈论等分析工具，研究中国烟草业规制的各项措施以及对烟草生产和流通等环节的影响，要实现的目标主要包括以下几个方面。

（1）在前人研究的基础上尝试发展产业经济学和流通经济学的相关理论，尤其是规制理论，坚持理论与实践相结合，形成具有中国特色的理论，保证中国烟草业的健康稳定发展，积极应对国际烟草市场的挑战。

（2）对统计年鉴数据和相关调查数据进行收集与整理，使研究更具实践意义，并运用现代经济分析工具进行实证分析，深入分析我国烟草业规制中存在的问题并加以解决。

（3）在实践中不断修正和完善计量经济学和博弈论的相关模型，使其更加符合中国国情，更加有利于我国烟草业规制的研究。

二　主要内容

本书的主要内容如下。

（一）引言

介绍本书的选题背景与意义、相关概念、主要内容和研究方法、创新与不足以及结构框架。

（二）文献综述

通过梳理所涉及的理论基础和国内外的相关研究，在前人研究的基础上进行更加深入细致的研究，以发现存在的不足并加以完善。

（三）中国烟草业的发展现状

首先，介绍中国烟草业发展的国际化背景。其次，分析中国烟草业的生产和流通情况，以及中国烟草业的国际竞争力。再次，指出中国加入 WTO 和签署《烟草控制框架公约》后面临的国际压力和控烟要求。最后，对中国烟草业的产业特征进行分析，以便在专卖规制的背景下，全面深刻地了解中国烟草业的发展状况。

（四）中国烟草业规制的原因、措施与演进

首先，分析中国烟草业规制的原因，主要包括烟草具有负外部性、烟草批发市场混乱、烟叶的盲目种植与收购问题、烟草业存在极强的市场势力并造成社会福利净损失以及政府对烟草业严重依赖。同时，利用原始 – 对偶索洛残差法和新实证产业组织法测度中国烟草业的市场势力，并计算出社会福利净损失。其次，讨论中国烟草业规制的相关措施，分别集中于生产和流通领域。再次，结合中国烟草业的发展史，介绍相关规制措施的历史演进。最后，介绍美国、日本、欧盟等国家和地区烟草业的规制情况及其对中国的启示，以发现我国烟草业存在的不足及需要注意的问题。

（五）中国烟草业规制的影响

基于实证的角度，首先，通过 PLS – SEM 模型来研究规制对我国烟草生产的影响，测度内外部因素的影响程度。其次，通过 X 烟草的数据来分析规制对我国烟草企业流通竞争力的影响。再次，采取最优规划法分析规制执行者内部的信息不对称问题，利用博弈论分析规制产生的烟草零售商困境以及地区流通困境，讨论烟草零售商之间的"价格战"以及烟草企业与地方政府之间、地方政府之间、省域烟草企业之间的行为决策。最后，论述烟草业规制的积极调控作用及其带来的不利影响。此外，本章还通过云南省玉溪市的案例来分析烟草业规制的"双控"政策效应。

（六）中国烟草业规制存在的问题分析

基于前文对中国烟草业规制问题的研究，本着"发现问题—分析问题—解决问题"的思路，深入分析我国烟草业规制中存在的问题及产生的原因，主要内容包括烟草业规制的政策悖论、烟农的弱势地位、烟草税设置和征收的不合理性、烟草业规制中的信息不对称问题、烟草套利和非法交易行为长期存在以及地方保护主义产生的原因、特点和不利影响。

（七）结论、政策建议与展望

本章是全书的总结，提出政策建议，实现理论与实践相结合，并对今后的研究进行展望，方便学者们做进一步研究。

三 研究方法

本书运用多种方法进行研究，主要如下。

（一）文献研究

文献研究采取手工与网络检索的方式，对与本研究相关的文献和资料进行收集、筛选和整理，涵盖了国内外有关烟草业规制的所有研究，为全书的写作奠定了坚实的基础。

（二）统筹规范研究与实证研究

国内对烟草业的研究主要是规范研究，实证部分则是利用计量模型研究弹性、烟草税和市场势力。本书在运用相关理论的同时，利用计量模型对收集和整理的数据进行实证研究，并结合博弈分析和案例分析，坚持规范研究与实证研究相结合，全面深入地研究我国烟草业的生产和流通环节，因而更能发现其中存在的问题并提出有针对性的政策建议。

（三）计量经济学与博弈论

对于烟草业研究而言，作为现代经济分析工具的计量经济学与博弈论在过去一直不被国内学者所重视。直到最近几年，计量模型和博弈分析才开始被用到烟草业的相关研究中。本书将二者有机结合起来，通过实证研究来深入分析我国烟草业的生产和流通环节，并对相关模型进行修正以符合中国国情，从而使研究结论更具说服力。

（四）实地调研

基于烟草的特性，笔者走访了国内著名烟草企业，调查了云南省烟草业的生产和流通现状，并到各地农业局、统计局和烟草专卖局（公司）等部门进行咨询和收集数据，还追踪调查了部分烟草批发商、零售商和消费者的情况，获得了大量的实地调研数据。

（五）比较分析

本书通过对比中国与美国和日本烟草业规制的情况，以期借鉴美国和日本采取的有效措施，注意防止其出现的问题，以维护中国烟草市场的健康稳定。

第四节 创新与不足

本书的创新点主要体现在以下几个方面。

（1）中国烟草业的市场集中度较低，缺乏规模效应和技术创新，在国际竞争中一直处于劣势，而烟草具有负外部性，在中央再次出台公共场所禁烟令以及提高烟草消费税的今天，有限规制将成为维护我国烟草市场稳定的重要保证，实现"有形的手"和"无形的手"的完美结合，并努力打破地方保护主义，打造一个属于中国的跨国烟草集团。

（2）设立中央与地方烟草税提成模式，进行分税制改革，并将征收的消费税等用于控烟和治理吸烟带来的各种问题。

（3）综合运用多学科知识和各种实证方法研究中国烟草业规制问题，统筹规范研究与实证研究相结合，实现了理论与实践的有机结合。

（4）系统运用计量经济学和博弈论等现代经济分析工具研究中国烟草业，并将其不断发展且使相关模型更加符合我国国情。

（5）运用计量模型和博弈分析研究烟草生产、市场势力、流通竞争力和地区流通困境等问题，属于烟草业研究的前沿，丰富和完善了这些领域的实证研究并使结论更具说服力。

本书的不足之处有以下几个方面。

（1）由于烟草业的生产和流通特性，再加上地方保护主义和垄断利润分配等问题，因而缺乏长期的时间序列数据和跨区域的大样本数据，也缺乏不同地区之间的对比分析。

（2）模型的中国化具有一定难度，相关实证方法和变量的选择可能存在争议，需要在今后的研究中对其进行不断完善。

第五节 本书的结构框架

本书的结构框架见图 1 - 1。

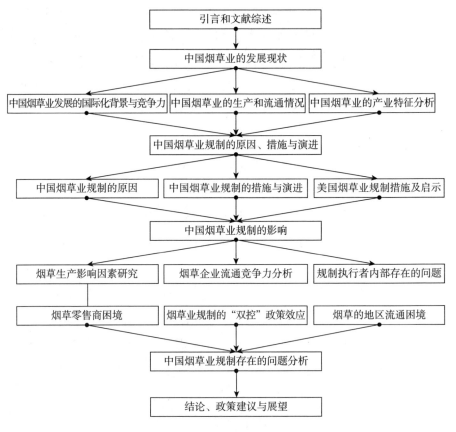

图 1 - 1 本书的结构框架

第二章 文献综述

第一节 理论基础

本书以中国烟草业为研究对象，相关理论基础是规制、市场势力以及产业经济学和流通经济学的相关理论，借助计量经济学和博弈论等分析工具，深入研究中国烟草业规制问题，以控制其带来的不利影响，维护烟草市场的健康稳定。本书也希望在理论与实践相结合的过程中不断完善相关理论，尤其是加强对烟草流通规制等方面的研究，在理论指导实践的同时反作用于理论，进一步丰富其内容。

一 规制理论

规制一直是学者关注的热点，规制理论为解决垄断和环境污染问题提供了较完善的理论支持和处理方案。Stigler（1971）认为规制是生产者为了保护自身利益而向政府寻求的保护措施。Posner（1974）总结和分析了既有的经济规制理论，主要包括公共利益理论和利益集团理论或俘获理论。他认为公共利益理论以及政治科学家关于利益集团理论的观点在现实中是不可接受的，而经济学家选择最大的时间跨度来讨论利益集团理论，并认为还需要更多的分析方法和经验调查来支持该理论。波斯纳分析了美国航空市场、铁路和电话电报公司（AT&T）的经济规制，认为规制与外部经济或外部不经济以及垄断的市场结构都不相关，而且它也不是从公共利益最大化角度出发的。Lee（1980）运用博弈论来研究规制，他认为规制可能实现垄断厂商和消费者"双赢"甚至"多赢"的原因是强制性的政府权力使各方合作并实施监督，且规制还减少了竞争带来的损失并节约了成本。Rothbard（1980）认为反托拉斯法在通常情况下不能消除真正的垄断，反而会对有效率的企业造成严重影响。Kirzner（1985）认为规制扰乱了市场秩序，阻碍了企业家发现和获取利润的过程，而且创造的新利润机会不一定会增加社会福利。植草益（1987）认为通常意义上的规制是指依据一定的规制对构成特定社会的个人和构成经济的经济主体活动进行限制的行为。Kahn（1988）在书中将规制定义为一种基本的制度安排，其实质是为了获得良好的经济绩效和社会效益而用政府命令来取代竞争。Berg 和 Tschirhart（1988）将自然垄断分为四种情况，依次是强自然垄断，有进入壁垒；强自然垄断，无进入壁垒，又分为企业具有承受力和企业不具有承受力两种情况；弱自然垄断，有进入壁垒；弱自然垄断，无进入壁垒，同样又分为企业具有承受力和企业不具有承受力两种情况。他们在不同情况下提出了不同的规制策略，使其具有多样性，这就是自然垄断弹性规制理论。史普博（1999）在综合了相关理论和自己的研究后，认为规制是一种直接干预市场配置或者间接改变企业和消费者供需决策的特殊行为或一般规则，它由行政机构制定并执行。对规制的实证研究，比较著名的是斯蒂格勒－佩尔斯曼模型，认为立法者的最优价格是 P^*，它是在利润为 $\pi(P)$ 的约束条件下实现的最大政治支持，其中 P^* 介于 P_c（利润为零时的价格）和 P_m（行业垄断时实现最高利润的价格）之间，但立法者通常不会定出一个可以使行业获取最大利润的价格，即 $P^* \neq P_m$。相对于该模型，贝克尔模型则侧重于分析不同利益集团（集团1和集团2）之间的竞争。贝克尔认为规制主要用来提高更有影响力的利益集团的福利，使其总是利于该利益集团（实现新的均衡）。政治均衡情况具体见图2-1。其中，

P_1 和 P_2 代表集团 1 和集团 2 施加给立法者和规制者的压力，$\varphi(*)$ 代表最优反应函数，$\hat{P}_1$ 和 $\hat{P}_2$ 代表预期运用的压力。

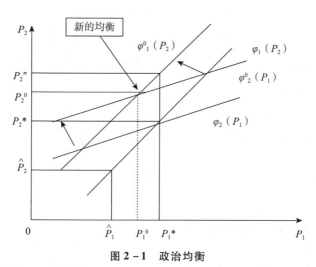

图 2 - 1　政治均衡

资料来源：Becker, G. S., "A Theory of Competition among Pressure Groups for Political Influence", *Quarterly Journal of Economics*, 1983, p. 98。

环境规制属于规制理论研究的一个重要组成部分，其对市场结构、行为和绩效的影响也受到学术界的关注。Pashigian（1984）的研究表明环境规制的相关政策法规会导致被规制企业数量的减少以及企业必要资本的增加，因而成为企业的额外成本，而且小企业所负担的额外成本要大于大企业，这将减弱小企业的市场竞争力，使其更加难以与大企业展开竞争。Dean 和 Brown（1994，1995）则研究了环境规制对新企业产生的市场进入壁垒，利用美国 449 个工业企业数据来进行实证研究，发现环境规制将对新进入的企业产生限制，主要表现为增加企业的设备和人力资本投资，提高企业生产成本，从而有利于在位企业。Lanjouw 和 Mody（1996）通过美国、德国、日本环境规制与环境技术专利申请数的数据验证了环境规制和技术进步的正相关关系，但规制对技术进步的影响存在 1～2 年的滞后期。Jaffe 和 Palmer（1997）则利用来自人口调查局污染减少成本和支出调查的污染控制开支数据来验证环境规制是否对企业创新具有正向促进作用，结果发现环境规制只有利于以 R&D 投资额为衡量指标的创新，而对以专利申请数为衡量指标的创新并无显著关系。Xepapadeas 和 Zeeuw（1999）的研究发现环境规制会产生生产率效应和利润效应，且环境规制强度对技术进步具有正向影响。Dean（2000）的研究发现环境规制对不同规模企业进入市场将产生不同影响，小型企业在进入市场时更容易处于劣势。Brunnermeier 和 Cohen（2003）利用 1983～1992 年美国制造业的 146 个数据验证了环境规制对产业技术创新的影响，其中包括污染治理成本以及政府检查和监督，但发现只有治污成本与环境方面的专利申请数之间具有正相关关系。

二　垄断和产业组织理论

自然垄断的概念首次由穆勒提出，他认为地租是自然垄断的结果。马歇尔提出了著名的"马歇尔冲突"——追求规模经济和由此带来的垄断扼杀竞争活力之间的矛盾，并认为产业组织是产业内部的结构。马克思认为自然力的垄断将产生垄断利润并转化为地租，但仅仅依靠市场是无法约束垄断的，国家必须通过法律和经济手段来进行干预。亚当斯将自然垄断产业分成规模报酬递增、规模报酬不变和规模报酬递减三种情况，而规制可以维护规模优势，保护消费者，避免垄断造成的社会福利损失。张伯伦和罗宾逊夫人同时提出了垄断竞争理论，讨论了垄断市场需求与供给以及长短期均衡等问题。埃利提出了垄断的三种形式——占有独一无二的资源、拥有信息独占特权和产业具有的特殊性，认为自然垄断产生的不可竞争性将使垄断进入更稳定和高效的状态。克拉克提出了有效竞争理论，通过有效竞争和竞争手段多样化试图解决"马歇尔冲突"。在此基础上，贝恩提出了 SCP 分析范式，成为产业组织理论的代表，主要包括以下内容：①市场结构——市场集中度、产品差异化、进入和退出壁垒；②市场行为——价格行为、非价格行为、组织调整行为；

③市场绩效——规模经济、生产费用和利润率。鲍莫尔等提出了可竞争市场理论，强调市场进出自由和范围经济的重要性。国内学者中，杨治（1985）最早对产业组织理论进行系统论述，他认为产业是指生产同一类商品的生产者在同一市场上的集合，这些生产者之间的相互关系结构就是所谓的产业组织。夏大慰（1994）介绍和分析了产业组织理论、方法及政策，他认为产业组织是指同一产业内的企业关系结构，这种企业之间的关系主要包括交易关系、资源占用关系、利益关系和行为关系。

三 交易费用和流通费用

康芒斯最早提出了交易的概念，并将其与制度相结合。科斯在《企业的性质》一书中提出交易费用的概念，将其定义为利用价格机制的成本。阿罗在研究保险市场时提出了交易费用这个名词，他认为交易费用即市场机制运行的费用，其产生的原因在于市场机制不健全。威廉姆森认识到交易的三个维度（交易频率、不确定性和资产的专用性），将交易费用分成事先成本和事后成本，并进一步解释其存在的原因。张五常认为交易费用是一系列制度费用，包括一切不直接发生在物质生产资料过程中的成本。诺斯在张五常研究的基础上建立了人类行为理论，认为交易费用与交易行为相关，是为其花费的资源。流通费用来源于商品生产和商品交换。马克思认为流通费用是货币资本转化为生产资本和商品资本转化为货币资本这两个阶段产生的各种费用，并进一步把流通费用分为生产性流通费用和纯粹的流通费用，其中纯粹的流通费用包括买卖费用、簿记费用和货币费用。同时，马克思指出商品流通就是指商品从生产领域被生产出来，在还没有进入消费之前的整个买卖运动的过程，商品流通过程的经济内容包括卖和买两个过程的作用变化以及商品价值和使用价值两个方面的运动。

四　制度变迁和路径依赖

制度经济学有新旧之分，而制度变迁理论是新制度经济学的代表。旧制度经济学以凡勃伦和康芒斯为代表。凡勃伦认为制度的本质就是个人或社会对某些关系或作用的一种思维习惯，主要表现为现有的思想习惯、观点、精神面貌和特征等，这也使人们总是希望将其无限期地坚持下去，而只有消除这些制度阻力才能实现社会进步。康芒斯则提出了交易、财产权利和未来性等制度的基本范畴，将交易作为制度经济学的基本出发点，论述了财产权利的排他性，并认为制度并不能脱离时间因素，还探讨了政治与法律秩序问题。新制度经济学则以科斯提出交易费用的概念为代表，制度分析也逐渐发展成为一种新的经济分析方法。制度变迁分为诱致性制度变迁（需求主导型）和强制性制度变迁（供给主导型），分别表现为"自下而上"和"自上而下"的模式。舒尔茨提出了制度变迁的供求分析方法，将制度作为一个内生变量进行分析，讨论了制度需求与供给以及制度均衡和非均衡，认为当制度提供的服务和其他服务的报酬率相等时就会实现均衡，因经济增长而发生的制度变迁来源于制度的非均衡状态。戴维斯和诺斯认为成本和收益的变化可能会产生制度不均衡，并诱致制度安排再变迁。他们指出制度变迁的主体是"初级行动团体"和"次级行动团体"，并详细讨论了制度变迁的五个步骤。[1] 拉坦的研究成为诱致性制度变迁的代表，他提出前人在制度供求分析中存在的不足，认为制度变迁可能是与经济增长相关的更有效的制度绩效需求诱致的。林毅夫将强制性制度变迁定义为通过政府法令和法律来实行的制度变迁方式，其依靠的是国家的作用，并认为可以使用"供给－需求"理论框架来分析制度选择和制度

---

[1] 〔美〕R. 科斯、A. 阿尔钦、D. 诺斯等：《财产权利与制度变迁——产权学派与新制度经济学派译文集》，上海三联书店，1994，第296页。

变迁。

路径依赖最早来源于自然科学的研究，后来由 David 将其引入经济学的分析中。David 基于 QWERTY 键盘的发展历史，使用技术的相关性、规模经济和投资的准不可逆性三种机制解释了路径依赖，并认为偶然的、细微的事件会对经济产生影响，不能被忽视或隔绝。Arthur 认为技术的市场份额来自报酬递增导致"锁住"的历史细微事件，而报酬递增的显示机制为"干中学"和网络的外部性或协调的外部性，这就是技术变迁机制。诺斯将路径依赖视为制度"惯性"，并开始将其用于制度变迁的研究中。他认为 Arthur 提出的技术变迁机制同样适用于制度变迁，制度变迁路径的决定因素为报酬递增和不完全市场，前者的四种形式为制度重建成本、学习效应、协调效应以及增加的签约因持久而减少的不确定性的适应性预期，后者由市场复杂性和不完全信息等产生的交易费用所确定。受经济、文化、政治等因素的影响，制度变迁比技术变迁要复杂得多。他强调了历史因素的影响，将路径依赖分为状态依存型和行为依存型，前者是指技术或制度可能沿着既有的正确路径不断自我强化而产生良性循环，也可能因为错误路径而被"锁定"为某种无效状态，而且要摆脱"锁定"是十分困难的；后者则是指市场对不同行为主体的奖惩机制，受到奖励的行为主体将形成自我强化和报酬递增的机制，受到惩罚的行为主体将被"锁定"在无效行为状态。

五　外部性

外部性最早在穆勒论述的灯塔问题中有所涉及。随后西奇威克继续讨论了灯塔问题，他认为某些公共设施不可能由建造者或购买者所拥有，也很难向受益者收费。外部经济的概念则由马歇尔提出，他把因任何一种货物的生产规模扩大而发生的经济分为两类：一类是有赖于工业的一般发展的经济，另一类是有赖于从事该工业的个别企业的资源、组织和经营效率的经济。前者就是外部经济，后者则为内部经济。[①] 庇古和科斯分别讨论了外部性，填补了马歇尔的外部经济"空盒子"，并提出了有效解决外部性的不同方法，即著名的庇古税和科斯产权定理。庇古认为外部性产生的根源在于边际私人成本（MPC）与边际社会成本（MSC）之差。由于市场失灵的存在，应该对边际私人成本小于边际社会成本的生产者征税或补贴边际私人收益小于边际社会收益的生产者，从而实现外部性的内部化。此外，庇古还认为国家干预可以有效解决外部性问题，在进行政府规制成本 - 收益分析时，应该全面考虑规制对福利的总体影响，并在制度安排时以帕累托改进为最优选择。科斯认为庇古解决外部性的方法可能会损害个人利益，而真正的解决方法应该是进行明晰的产权界定。假设市场中的交易费用为零，只要产权明晰，资源的配置效率将不受产权初始分配的影响，因而可以通过产权的交易重组来实现外部性的内部化，其中政府的作用仅为确定初始产权如何进行有效分配，剩下的则完全由市场自由交易加以解决，这就是建立在科斯定理基础之上的外部性解决方案。这一观点也受到鲍莫尔等学者的质疑，他们认为现实中不存在交易费用为零的情况，因而科斯的解决方案仅适用于谈判人数较少即交易费用较低的情形。在现实生活中，庇古税的主要代表是污染税和补贴，科斯产权理论则以污染许可证和可交易许可证为代表。

六　市场势力

市场势力的提出，最具代表性的是 Lerner（1934）通过研究垄断现象提出的衡量市场势力的指标——勒纳指数。Bain（1956）等认为市场势力来源于结构性的进入壁垒以及卖方集中等产业特征，并指出市场集中度和进入壁垒足以支持有效的串谋而不惠及小厂商，他采用市场集中度指标来衡量市场势力。Brandow（1969）将市场势

---

① 〔英〕马歇尔：《经济学原理》（上册），朱志泰译，商务印书馆，1964，第324页。

力定义为企业直接影响其他市场参与者或价格和推销等市场变量的能力，区分了长期与短期势力以及进攻与防守势力，并指出不必随时将超平均利润和市场势力联系起来。Hamermesh（1972）研究了市场势力和工资及通货膨胀之间的关系，发现工资这一变量在市场势力较强的产业中影响甚微，而反垄断剥离政策不会影响总体的通货膨胀率，但会使短期菲利普斯曲线更加倾向于垂直。Demsetz（1973）却认为并不是市场势力（集中度）产生了更高的价格和利润，而应该是更高的效率产生了更高的利润和市场势力（集中度）。Haessel 和 Palmer（1978）研究了市场势力与就业歧视的关系，测度了关于人种和性别的就业歧视，发现高度集中产业的就业歧视更严重，有人种歧视的企业同时也有性别歧视，而且在就业歧视和工资均等化之间可能存在某种交易。Liebeler 和 Wesley（1978）认为市场势力将产生资源配置的低效率，因为它使价格高于长期平均成本并控制了产量。Chatterjee（1991）分析了企业垂直兼并后的收益，发现在集中市场或者目标企业来自零碎市场时的兼并收益最大，且就平均而言，兼并将提高相关企业的市场势力。Chirinko 和 Fazzari（2000）研究了市场势力与宏观经济中通货膨胀的关系。他们基于美国 11 个产业的数据，发现通货膨胀对市场势力具有正向影响，但影响更集中于市场势力微弱的产业中。同时，学者们不断寻找测度市场势力的方法，比较有代表性的是新实证产业组织法（NEIO）。Appelbaum（1982）提出了在厂商和产业层面对市场势力进行测度的理论框架，并对美国烟草业进行了实证检验，这成为 NEIO 法的经典模型。Bresnahan 和 Schmalensee（1987）指出自 1980 年起，产业组织理论中的实证研究重新兴起，然而这一次的实证研究则认为市场势力是不能直接观测的，但可以通过计量分析进行估测。Bresnahan（1987）运用 Appelbaum 的模型对美国汽车产业进行了实证研究，他更偏重于需求函数的推导。Schroeter（1988）同样运用 Appelbaum 的模型检验了美国牛肉分割产业的市场势力。NEIO 法也引起了一些争议，主要问题是需求函数的设定与推导，如 Corts（1999）认为该方法设置的参数不能准确估计市场势力。而部分学者也开始使用索洛残差法研究市场势力，Varian（1984）讨论了两种索洛残差法和两种显示个性化的非参数法。Hall（1988）开创了索洛残差参数法并测算了 1953～1984 年美国烟草业的市场势力。随后，Roeger（1995）讨论了原始－对偶索洛残差法并测算了 1953～1984 年美国烟草业的市场势力。Raper（2007）同时采用了原始索洛残差法和原始－对偶索洛残差法研究 1977～1993 年美国烟草业的市场势力。

第二节　国内外相关研究综述

本书基于实地调查数据，利用产业经济学和流通经济学等相关理论，结合计量经济学和博弈论，分析中国烟草业规制的原因、措施、演进、影响以及存在的问题，在控制负外部性的同时实现产业的健康发展。产业经济学的相关理论和分析工具比较成熟，流通经济学的理论则亟须丰富，且国外学者关注较少。

一　关于烟草业规制的研究

烟草业规制问题一直都被国内外学者所关注，尤其是在规制理论不断发展和完善的这些年。Zhou（2000）认为中国的财政分权为地方政府保护本地经济提供了激励，但也形成了不利于市场竞争的贸易保护主义，这可以通过中国烟草业的发展历程予以说明。在地方政府的支持下，中国烟草业在 20 世纪 80 年代和 90 年代初期实现了飞速发展，但由于市场逐渐饱和，于 90 年代中期进入了省域贸易保护主义阶段，而效率极低企业的存在则揭示了地方政府竞争的局限性。Zhou（2001）的研究发现跨行政区竞争是打破中国烟草专卖制度和促进市场竞争的重要力量，但也使政府通过贸易限制来保护地方企业，且政府倾向于对效率相对低的企业提供补贴或保护，并讨论了政府在竞争更加激烈的市场中可能或不可能逐渐停止参与商业活动的条件。McDaniel 等（2005）通过对美国烟草业规制历史的研究，认为烟草公司会通过政治、经济、技术等手段影响国家的规制进程。Otanez 等（2009）同样发现烟草公司会通过各种手段来游说政府，让其制定的政策有利于自身发展，并约束政府对烟草业的规制。二者的研究证明烟草公司会选择"用脚投票"等方式来干预政治，以获得有利于自身发展的政策支持。目前美国讨论的热点是美国食品药物管理局（FDA）的规制问题。Brandt（2008）认为出于对国民健康的考虑，应该通过立法等方式来强化 FDA 对香烟的规制。Yang 等（2009）同样认为应该强化 FDA 对香烟的规制，并上升到联邦立法的高度。这些观点是基于健康的视角提倡对香烟进行规制，主要围绕 FDA 的政策措施和香烟的危害性等展开讨论。因此，政府规制要注意影响市场公平竞争和导致地方保护主义等问题，在对烟草业进行规制时要考虑吸烟所带来的外部性。因为吸烟也与其他消费选择一样，是受理性选择支配的，这与消费者为此支付了多少成本无关，关键在于其他人为他们吸烟所支付的成本，这才是政府要进行规制的原因。

对于国内而言，首先是国家立法的规定，1997 年的《烟草专卖法》第十八条规定：烟叶由烟草公司或其委托单位依法统一收购。烟草公司或其委托单位根据需要，可以在国家下达烟叶收购计划的地区设立烟叶收购站（点）收购烟叶。设立烟叶收购站（点），应当经省级烟草专卖行政主管部门批准。未经批准，任何单位和个人不得收购烟叶。学者们对烟草业的国家专卖制度看法不一，梁双陆（1998）持中立的观点，认为国家规制（"双控"政策）对全省农村经济、农民收入和地区财政收入产生了重大影响，但也导致了烤烟生产的产业化经营以及集约化、技术化发展，并促进了畜牧业、蔬菜业等产业的发展。项建安（2002）则认为烟草专卖制度会将烟草生产企业的销售对象限制为烟草商业企业，而不能直接面向消费者。

但烟草商业企业只有经销权，没有销售卷烟品牌的决定权。地方保护主义的存在，不仅造成了人为的市场分割，而且严重影响了烟草企业的经营自主权。章鸿（2002）同样认为烟草专卖制度成为制度性壁垒，它不仅限制了市场竞争，而且损害了烟草消费者的利益，还影响了烟草生产和烟叶的种植。罗美娟（2004）认为政府对烟草产业的规制是通过社会性规制、市场结构规制、进入规制、质量规制等来体现的，这种规制不仅扭曲了烟草企业的经营行为，而且最终导致了区域利益保护下的有限市场竞争格局。籍涛（2008）认为对烟草业的规制要在市场结构与市场绩效的分析框架下实现制度变迁，并不断适应社会经济发展的需要。许焘（2008）认为我国实行烟草专卖规制的主要原因是烟草消费带来的高昂的社会成本和烟草销售中严重的地方主义，这种规制最终会影响我国烟草工业的成长与发展。龚金龙（2008）认为从公共场所禁烟令等控烟法规的全球实施成效看，它们并没有真正实现预期目标，而是损害了本应受保护人群的权益，也使吸烟者因无法获得低损害卷烟的信息而享受不到烟草新产品带来的好处。杨骞和刘华军（2009）利用 2003～2006 年烟草行业的数据计算出烟草专卖制度造成了超过 35% 的效率损失，而地区性垄断和行业垄断造成的直接效率损失分别为 14% 和 25%。万斌（2010）基于制度变迁理论，利用成本－收益法分析了中国烟草专卖制度改革，认为应该采取渐进式的去专卖化改革。年志远和徐迟（2011）认为中国烟草业面临来自内部和外部的双重挑战，必须进行体制改革。具体做法是在保证烟草专卖制度基本框架的前提下，进行产业结构优化，最大限度地降低专卖制度运行的交易成本；转变市场观念，提高烟草制品质量，实现产品差别化，以满足烟民的多样化需求；培育知名卷烟品牌，完善国内烟草市场，抵御国外烟草企业的冲击。这些学者从不同的角度，选用不同的方法，研究我国烟草业规制产生的积极作用或不利影响以及专卖制度改革，但没有深入研究烟草业规制。

二　关于烟草流通的研究

由于中国实行烟草专卖制度，因而相关研究的主体是国内学者。对于国家规制的烟叶流通，大量研究集中在烟叶种植与收购以及烟叶税等方面。孙福山等（2002）分析了烟叶等级结构、质量评价指标以及烟叶收购中存在的问题。张勇（2006）通过 PLS 结构方程模型以及博弈论等对我国的烟叶生产和收购进行了研究，寻找科学的收购定价方法，以调动烟农的生产积极性。王现军（2007）通过对烟叶收购价与弹性以及烟叶税的研究，认为应该进行烟叶的市场化改革。陈宝森（2012）利用四川省凉山州和阜新市的调查数据研究了烟叶生产成本、烟叶税及烟农增收等问题，并利用主成分分析法对 ZA 烟草企业的流通竞争力进行了分析。何宇鹏（2013）讨论了烟农和企业间产销合作共赢的云南现代烟草农业模式。关于烟叶收购机制的研究，唐斌（2008）研究了云南省昭通市的烟叶收购管理系统并试图加以推广。朱仲珂（2013）通过需求分析设计了烟草合同管理系统。梁小军（2013）利用 Linux 嵌入式技术设计并开发了烟叶收购环节的监管追溯系统。关于烟草制品的流通，国内研究主要集中在烟草物流方面。朱婧（2009）在基于协同理论和广东省实证研究的基础上明确了烟草物流的发展方向。曹瑞东（2012）利用物流网技术构建了一个烟草物流配送管理系统，并验证了该系统的合理性和可行性。陈登彬（2012）利用产业布局理论和区域物流理论对福州烟草物流进行了实证研究，并提出了相关优化措施。黄景涛（2013）基于供应链思想，认为烟草物流的发展方向在于打造第三方物流和实现多元化经营。段铁力（2013）分析了中国烟草物流的特点，提出要有专业化的物流运作模式，并合理布局物流网络节点。

三　关于烟草生产和消费的研究

烟草生产和消费问题一直是学者们关注的热点。关于烟草生产方面的研究，Barnoya 和 Glantz（2002）分析了烟草企业（菲利普·莫里斯等）在拉丁美洲采取的成功逃避"二手烟"规制的方法，号召拉美人民关注健康，采取相关措施。Muggli 等（2003）同样研究了烟草企业影响公众对"二手烟"的看法，分析了 ETS（Environ-mental Tobacco Smoke）咨询项目。Freeman 等（2008）研究了烟草制品包装的规制以及国际社会、政府与烟草企业之间的行为。Jones 等（2008）通过梳理发展中国家的现状及美国的发展历史来研究烟农和烟草公司的关系，得出一个有效的结束游戏规制策略。此外，广为流行的外部性理论认为，由于烟草的生产和消费会产生与吸烟相关的疾病所造成的成本，意味着烟草行业资源的配置无法达到帕累托最优。国内学者主要选用 SCP 范式进行分析，王德平（2008）通过 SCP 分析框架认为我国烟草业的集中度仍然较低，且市场存在较高的进入与退出壁垒，大多数烟草企业需要扩大规模和提高经营管理水平。张先平（2007）和袁培元（2008）先后采用 SCP 框架对中国烟草业进行了研究，其中后者更强调对烟草产业组织结构调整的研究。部分学者则着重研究烟草业的产业组织和烟草税问题，郝冬梅和王秀清（2003）采用 NEIO 法和 AEL 模型对 1985～1999 年中国烟草加工业进行了研究，并测算出接近 1 的勒纳指数，认为其存在极强的市场势力。朱俊峰（2008）同样采用 NEIO 法测度出中国烟草业具有极强的市场势力并有逐年增强的趋势。戴家武等（2011）利用原始索洛残差法和原始－对偶索洛残差法研究了中国烟草加工业（1985～2007 年）买方及卖方市场的力量。冯献华和罗婉容（2006）通过研究寻找烟草业集中度长期偏低的原因，并提出相关政策建议。段永光（2008）则通过研究烟草工业的兼并重组来分析其影响并提出发展建议。汪世贵和李保江（2002）认为烟草税及相关财政政策是导致烟草业"强者趋弱"的重要原因。梁朋（2002）认为只有优化烟草产业组织结构和改革相关财税体制，才能培养出真正具有国际竞争力的大企业。刘华等（2005）通过烟草税与企业竞争力的关联性分析，讨论了税收制度中的不利因素，并提出了相关政策建议。周克清和戴鹏（2011）通过相关数据分析了烟草对中央财政和地方财政的贡献度。Lampe 等（2012）研究了 1975～2010 年中国大陆假烟生产、流通和走私的历史。在外部政治压力要求中国开发国内市场的形势下，中国合法烟草部门进行了调整。此时，为国内黑市提供假冒中国名牌香烟的非法制售假烟现象开始浮出水面，同时中国也成为西方名牌香烟走私的目的地。随后，中国对香烟走私和国内流通渠道进行了有效整治。

关于烟草消费，代表理论为贝克尔和墨菲（1998）的"理性上瘾理论"。该理论主要通过一个数学模型研究吸烟者对香烟价格、税收等的反应，认为政府对吸烟等方面的规制所起到的作用只是承担由吸烟引起的社会成本，吸烟因其自身的上瘾性而增加了成本属于吸烟者个人的事情，而吸烟者给其他人（主要是不吸烟者）带来的成本才是政府进行规制的内容。"理性上瘾理论"还认为政府应该通过对有害的上瘾物品征收高税收来减少使用上瘾物品的人数，并提出了"Cold Turkey"政策以结束上瘾过程，而不是一味地通过政府的规制来控制上瘾。该理论强调以税收的形式对烟草进行规制，属于政府宏观调控的经济手段，借用"有形的手"维持烟草市场的稳定发展。Chaloupka（1991）利用美国实证数据检验了贝克尔和墨菲的"理性上瘾理论"，测度出香烟的长期需求价格弹性为 $-0.48 \sim -0.27$。Becker 等（1994）再次验证了"理性上瘾理论"，发现香烟的长期价格弹性大于短期价格弹性。Evans 和 Farrelly（1998）的研究则发现烟草税将导致更强的个人消费意愿。Adda 和 Cornaglia（2006）质疑了增税对规制烟草的有效性，发展了"理性上瘾理论"，得出代理也可以调整吸烟者的吸烟强度，并发现过去的实证结果存在估计偏差。国内学者高松等（2010）基于"理性上瘾理论"，对中国的烟草需求进行了实证估计，并测量了烟草税调整带来的影响。毛正中和胡德伟（2005）对中国居民的卷烟需求进行了估计，认为应该提高烟草消费税，取消烟叶税，改革中央与地方财政分享税收机制。姚婷婷等（2010）利用中国 1990～2005 年的时间序列，通过对数－线性回归模型，估计出卷烟需求的价格弹性和收入弹性分别为 -0.23 和 0.58。李士森等（2012）利用 MLE 法和中国省级面板数据分析了中国烟草消费的价格弹性和收入弹性。王昕（2012）通过烟草 KAP 调查和 Logistic 回归，从吸烟者、被动吸烟、戒烟等角度研究了农村居民的烟草暴露情况。关于烟草税的相关讨论，财政部科研所课题组（2009）认为可以适当提高烟草消费税水平，在调控烟草消费的同时扩大财政收入。吴晓明（2010）通过研究卷烟价格、投放结构和税收，分析了烟草商业中的利益相关者。喻保华（2012）通过对比发展中国家与发达国家、青少年与成年人等的卷烟需求价格弹性，从不同角度分析了中国烟草消费需求弹性。

四 关于流通竞争力的研究

流通竞争力属于新兴的研究领域，国内大部分学者的研究对象是流通产业竞争力，主要使用主成分分析法和因子分析法。石忆邵和朱卫锋（2004）构建了商贸流通产业竞争力的评价指标，包括规模指数、增长指数等 7 个指标和 23 个二级指标，然后通过主成分分析法综合评价了江苏省 13 个地级市的流通产业竞争力。杨亚平和王先庆（2005）同样提出了流通产业竞争力的评价指标，分别是规模竞争力、产业竞争力、结构竞争力和产业效益力，然后运用这一评价体系综合评价了我国 31 个省份的流通产业竞争力。孙薇（2005）构建了地区流通力的评价指标，包括规模力、商流力等 7 个指标和 23 个二级指标，然后利用因子分析法对比分析了我国 31 个省份的流通力水平。马龙龙和刘普合（2009）在《中国城市流通竞争力报告 2008》中提出了 116 个评价指标，并选择其中的 42 个指标利用因子分析法综合评价了我国 33 个城市的流通产业竞争力。陈明（2010）采用因子分析法对我国 28 个城市的流通产业竞争力进行研究，根据不同指标对其进行分类和综合考察。刘根荣和付煜（2011）通过因子分析法研究了我国 31 个省份流通产业的区域竞争力，得出富有竞争力的是广东、北京和上海等 10 个省份。杨龙志（2012）同样采用因子分析法研究了温州各区县的流通竞争力，并认为提升流通竞争力的方式是培育"绝对优势"和消除"绝对劣势"。陈宝森（2012）利用主成分分析法对 ZA 烟草企业的流通竞争力进行了分析，得出市场销售情况和员工素质对其影响巨大。

五　关于流通产业的研究

对于流通产业的研究，Nishimura（1993）认为流通产业应该包括批发业、零售业和交通运输业等相关行业，并运用产业关联表对比分析了日本和美国的流通系统。林文益（1995）认为流通产业是指整个流通领域内所包含的产业部门，主要包括商业、物质贸易业、仓储业、邮电通信业、金融业和保险业等部门。Pilat（1997）认为流通产业主要包括批发业和零售业，其中前者属于面对消费者的终端，而后者则是连接生产者和零售商的中介机构。但随着产业变动和产业间融合的不断发生，流通产业的具体范围变得越来越模糊。张声书（1999）认为流通产业是指从事商品流通活动的经济群体或部门，它是市场经济中的主导性产业，也是第三产业中最重要的产业。马龙龙（2006b）认为流通产业由交易流通和物流业两部分组成，具体包括专门从事商流媒介的批发业、零售业以及从事物流服务的运输、仓储业等。关于流通产业地位的研究，主要包括基础产业论、先导产业论和战略产业论。洪涛（2003）从社会消费品零售总额等角度研究了流通产业的基础性地位，提出流通产业在国民经济中已具备基础性产业的地位，并由末端产业发展成为先导产业，但其基础地位还相对薄弱，有待进一步提升。刘国光（2004）认为流通产业已从计划经济体制下的末端行业转化为社会主义市场经济体制下的先导行业，在启动市场、扩大需求、促进消费、消化库存以及促进产业结构优化升级等方面发挥着积极的作用。黄国雄（2005）认为流通产业已成为我国国民经济的基础产业，因为它符合基础产业的社会化、贡献率、就业比、关联性以及不可替代性等基本特征。冉净斐和文启湘（2005）认为我国的流通产业应定位于战略产业，并从国家竞争力和产业结构优化等角度对流通产业作为战略产业的理论依据进行了分析。高铁生（2011）认为流通产业已成为国民经济的先导产业，在"转方式、调结构"等方面发挥着不可替代的作用。流通产业安全是现阶段经济发展面临的重要问题，已逐渐被学者们所关注。张秀岩（2010）认为流通产业安全的标志是国民资本对流通产业的控制权，其基础是国内流通产业具有并保持产业竞争力和具备与国民经济发展相协调的可持续发展能力。李东贤和李成强（2010）分析了先进外资流通企业抢占中国高端市场和试图控制中国流通产业的现象。他们认为流通产业安全是国家经济安全的重要组成部分，并提出了通过国家的经济干预来制定流通产业政策和健全流通产业安全评估体系等政策建议。纪宝成和李陈华（2012）认为在保证流通产业竞争性的同时，同样需要政府规制，但需要进行合适的规制，一些地方政府的招商引资政策就值得反思。流通产业安全是指一种潜在威胁，要充分考虑各指标的含义、外资商业在我国地区分布的非均衡性和外资商业的母国结构等因素。刘庆贤（2013）研究了我国钢铁流通产业的基本特点，在安全评价模型的基础上，提出了我国钢铁流通产业安全的应对策略。流通产业安全和产业政策与规制密切相关，肖怡（2007）通过梳理美国流通产业发展情况及相关政策，并对中美两国流通产业进行对比分析，发现我国流通产业的标准化建设仍十分薄弱，主要原因在于标准化政策不够系统，也没有完整的带有强制性的流通产业标准化法规。何大安（2007）认为流通产业组织结构的优化和自然垄断之间存在关联，这种关联可以通过流通产业运行的内部性和外部性予以揭示，而且通过对这种关联的分析可以发现，在流通产业组织结构的优化中蕴含着自然垄断的趋势。

六　主成分分析法、偏最小二乘法和结构方程模型

Pearson（1901）提出了主成分分析法（PCA）的概念，Hotelling（1933）将其推广到随机向量的情形。钱道翠（2002）介绍了主成分分析法的原理以及数据处理坚持的无量纲化处理、均值化处理和"对数中心化"。张鹏（2004）全面讨论了主成分分析法，并对比其他分析法，试图完善其方法与步骤。孟兵和吴群英（2007）利用山东省 17 个市的数据，通过主成分分析法对城市绩效物流进行了研究。洪素珍（2008）讨论了相关文献在运用主成分分析法做综合评价时存在的不合理之处，并提出了主成分分析法的充要条件和评价的指标体系。鲁小伟和毕功兵（2014）通过主成分分析法和 DEA 模型对我国的区域文化产业效率进行了评价，得到处于文化产业效率有效性行列的是广东和重庆，而上海、吉林和新疆需要提高其规模效率，其他省份则应提高其技术效率。

偏最小二乘法（PLS）最早由 Wold 和 Albano（1983）提出，随后 Wold 分别于 1984 年、1989 年、1992 年提出了偏最小二乘回归法、二次多项式偏最小二乘回归法和样条偏最小二乘回归法。结构方程模型（SEM）最早是由 Joreskog 和 Wiley（1973）等结合因子分析和路径分析提出的，它可以测量不可直接测量的抽象变量（隐变量），并估计自变量与因变量间的因果关系，其测度方法主要有 LISREL 法和 PLS 法。Fornell 和 Larcker（1981）分析了 SEM 中的不可观测变量和测量误差，认为现在的检验方法在样本大小和模型解释力等方面都存在问题，因此提出了一种建立在共同方差测度基础之上的新检验方法。Chin（1998）总结并分析了 SEM 的相关观点与问题，主要讨论 SEM 的测度方法和指标及模型选择。Haenlein 和 Kaplan（2004）介绍了处理 SEM 的另一种方法即 PLS 分析法，指出其较适用于处理大量指标和极大似然法到达

极限时的情形。Chin 等（2008）回顾了 SEM 在销售中的实证研究，包括模型说明、识别、估计和评价等方面，考察了乘数理论模型以及模型误差与样本误差等，并提出了如何更好地应用 SEM 的建议。Kline（2011）详细介绍了 SEM 的基本概念、数据以及模型选择和检验，并提出了选择不同模型时需要注意的问题。近年来，结构方程模型被引入中国并广泛用于实证研究中，PLS 和 SEM 也是在最近几年才开始受到国内学者关注的。李自玲（2006）讨论了偏最小二乘法和结构方程模型（PLS - SEM）存在的问题并提出了改进的方法，最后通过技术商业化成功指数模型进行验证。何涛（2006）同样探讨了结构方程模型与 PLS 法，重点分析其建模方法与几何意义。郭鹏辉（2006）基于中国数据，利用线性结构方程模型来验证内生增长理论，并测度了物质资本、人力资本和技术水平三个要素对经济增长的影响。张勇（2006）选择 PLS 和结构方程模型来研究影响我国烟叶种植与收购的相关因素。武星星（2008）基于 250 份调查问卷，利用结构方程模型测度了大学生网上购买意愿的相关影响因素，揭示了感知风险、感知价值与购买意愿之间的相互关系。刘威（2008）和刘霜叶（2009）分别构建结构方程模型测度了我国 187 家上市公司和能源行业的收益质量，安赟（2009）则通过结构方程模型测度了影响上市公司高管薪酬的七类因素。周旭武（2009）利用教育与满意度数据对比了处理 SEM 的 PLS 法和 LISREL 法，并用改进的 BFGS 法得到比 PLS 法更好的估计参数。赵富强（2010）通过 PLS 算法对食品公司和汽车公司的顾客满意度进行研究。林盛（2002）讨论了如何利用 PLS 结构方程模型来研究服务业的顾客满意度，并对商品房市场进行了实证研究。刘炳胜等（2011）利用 PLS 结构方程模型对中国 2006 年和 2007 年的建筑产业数据进行了分析，得出影响当地建筑产业竞争力的三个主要因素是区域环境、生产要素和产业组织。刘慧（2011）进行了基于 PLS - SEM 的中国高等教育学生满意度测评研究。费正顺（2012）在 PLS 框架下研究了动态优化方法，力图在难以获取机理模型的情况下解决过程动态优化问题。贾航燕（2012）基于 SEM 模型测度了影响商品房住户满意度的相关因子，发现影响最大的是建筑特征，其他主要因子为性价、环境和个体等。黄秋杰（2012）通过结构方程模型测度了中国财险公司的盈利能力，发现具有直接影响的是企业规模，并提出了提高盈利能力的相关举措。李新杰等（2013）利用 SEM 和中部六省的数据测度了新生代农民工的心能、智能、体能和技能四个人力资源能力。吕燕（2013）通过动态 PLS 法对预测控制器进行了设计与应用研究。陶忠元（2013）利用结构方程模型测度了国内外标准化对出口企业（"良好型"和"薄弱型"）的影响。薛彩霞等（2013）利用结构方程模型测度了影响农户经营非木质林产品的相关因素，发现影响最大的是外部环境特征，其中农户对政策的了解、外部培训、农户间的相互影响及机会成本均具有显著影响。崔晓聪（2013）改进了 PLS 法和 LISREL 法的不足，证明 New - DCQGA 算法是结构方程模型的高精度估计方法。

综上所述，可以得出以下结论。

（1）目前关于烟草业的研究主要为规范研究，缺乏实证数据的支持，而且大部分学者只是从不同角度或选用不同方法来研究我国烟草业规制产生的积极作用或不利影响，并没有研究烟草业的整个生产和流通过程。为了弥补这一缺憾，本书将规范研究与实证研究相结合，运用多种方法对中国烟草业进行全面而深刻的分析。

（2）目前的研究主要集中于宏观与中观层面，缺乏微观层面的研究，尤其是缺乏对不同利益主体行为的研究。本书则通过博弈论来研究烟叶收购、烟草生产和流通中各利益主体之间的行为决策，以深入分析中国烟草业存在的问题，从而提出有针对性的政策建议。

（3）对市场势力的测度，NEIO 法中需求函数的设定与推导存在争议，利用索洛残差法虽避开了需求函数，但有关需求函数尤其是价格弹性的研究是市场势力研究的重要方面，且规模报酬不变等假设在一定程度上影响了市场势力测度的准确性。因此，本书将这两种方法结合起来，以期更好地研究中国烟草业的市场势力。

（4）结构方程模型已经被不断完善并广泛运用于实证研究中，逐渐为国内学者所熟悉并用来分析中国的实际经济问题。在结构方程模型的测度中，偏最小二乘法以其优势成为使用最多的方法。当然，部分学者也在偏最小二乘法的基础上提出更高精度的估计方法，然而受实际经济情况的制约，新提出的算法并不能很好地运用于其他领域的研究。关于烟草业的研究，目前仅局限于烟叶即上游原材料环节，且只有一位学者使用了结构方程模型。因此，本书基于烟草数据的特性，采用偏最小二乘法来测度整合后的烟草生产结构方程模型，包括烟草生产的全部环节，并考虑其与地方财政收入的关系，全面且深刻地分析中国烟草业，并使结构方程模型更符合中国国情，从而有效测度出各个因素的影响，以促进中国烟草业的健康发展。

（5）关于流通产业和流通竞争力尤其是烟草流通竞争力的研究属于前沿问题，而目前国内学者以研究流通产业竞争力为主，且只采用了主成分分析法和因子分析法。关于烟草企业流通竞争力的研究十分少见，陈宝森（2012）的分析也只是利用主成分分析法对影响因子进行陈述。由于烟草制品的流通特性，利用主成分分析法能够较好地筛选出影响烟草企业流通竞争力的主要因子，而偏最小二乘法能够有效解决存在的多重共线性和样本量较少的问题。因此，本书综合运用主成分分析法和偏最小二乘法，基于实际调查和统计年鉴数据，能够完善相关研究方法，并实现模型"中国化"，从一个新的视角来分析我国烟草企业的流通竞争力。

第三节　本章小结

本章介绍了本书的理论基础和相关研究综述。理论基础主要是规制理论、垄断和产业组织理论、交易费用和流通费用、制度变迁和路径依赖、外部性、市场势力，这些都已具有成熟的理论框架并处于不断发展完善中。其中，微规制理论和市场势力是研究的热点，前者是规制经济学的核心理论，后者则为新实证产业组织理论所关注，并与社会福利密切相关。相关研究主要为烟草业规制、烟草流通、烟草生产和消费、流通竞争力、流通产业、主成分分析法、偏最小二乘法和结构方程模型。关于烟草业规制的研究集中于理论分析，缺乏中观和微观层面的数据支持，针对烟草流通的研究更是屈指可数，而烟草流通竞争力才刚刚受到学者们的关注。大部分学者关注烟草生产和消费的研究，利用产业经济学的方法来分析烟草业，通过调研及实证研究来说明烟草制品对人体的危害，其中还涉及烟草税。对于具体实证方法而言，原始－对偶索洛残差法、新实证产业组织法、主成分分析法、偏最小二乘法和结构方程模型等都得到了极大的发展和运用，且它们都适用于对中国烟草业的研究。然而这些方法都是基于美国等发达国家的实情演变而来的，很难完全符合我国国情。因此，本书对学者们的相关研究进行了评价，指出其中存在的不足，并在研究中对相关模型和方法进行了优化，使其与中国国情紧密联系，努力实现二者的"中国化"。此外，本书将 PLS－SEM 引入烟草生产和流通竞争力的研究，在丰富实证方法的同时，也能够更加准确地测度各种因素的影响程度。本书还对产业经济学和流通经济学的相关理论进行了完善，提出有限规制才是确保中国烟草业健康稳定发展的根本。当然，相关理论和方法的"中国化"并非一朝一夕能完成的，还需要在今后的研究中继续加以完善。

第三章　中国烟草业的发展现状

烟草业和规制都是"双刃剑",前者在具有众多危害性的同时,也为财政收入和经济发展贡献了力量;后者作为政府干预经济的手段,在努力解决市场失灵问题的同时,也带来了诸多影响。在日新月异的国际形势下,中国烟草业面临的机遇与挑战并存。本章主要介绍规制下的中国烟草业发展现状。

第一节　中国烟草业发展的国际化背景

控烟一直是国际社会的主题之一,2013 年的控烟措施主要有澳大利亚实行的《烟草制品素面包装法案》、俄罗斯通过的《烟草制品印制健康警示图片和公共场所全面禁烟法案》、菲律宾对烟草开征"罪恶税"以及欧盟修订的《烟草产品指令》等。面对日趋严峻的控烟形势,世界烟草巨头通过优化产业结构和市场布局,不断进行购并,采取降低成本、加大研发力度等战略,依然实现了稳定发展。2013 年,除中国外世界烤烟产量为203.9 万吨,同比增长 3.5%。其中,合法卷烟销量为 6760 万箱,同比增长 -3.0%;烟草制品市场销售总额约为 6000 亿美元,同比增长 2.0%。新型烟草制品(以低温卷烟为代表)和电子烟发展迅速,菲莫国际、日本烟草和雷诺美国等烟草公司已成功研发并储备了几个低温卷烟产品,2013 年世界电子烟销售总额超过 25 亿美元，年均增长率约为 40％。①

国际烟草市场处于寡头垄断的状态，大部分国家的烟草市场已被四大跨国烟草巨头所控制，它们是菲莫国际、英美烟草、日本烟草和帝国烟草。2013 年，这四家跨国烟草巨头共销售卷烟 4710 万箱，占除中国外世界卷烟市场的 69.7％。国际烟叶市场则被环球烟叶公司和联一国际公司垄断，其烟叶经营规模占世界烟叶进出口贸易量的一半以上。②

一　四大跨国烟草巨头

（一）菲莫国际

菲莫国际全称是菲利普·莫里斯国际烟草公司，总部设在美国纽约，拥有 53 家烟草制造厂，在全球 180 多个国家和地区都能见到该公司的产品。菲莫国际于 2008 年从奥驰亚集团分离出来，成为第一个跨国烟草公司，共有 160 多个卷烟品牌，主要代表品牌为万宝路（Marlboro）、蓝星（L&M）等，其中万宝路仅 2013 年的销量就高达 582.2 万箱，不愧为全球第一卷烟品牌。菲莫国际主要采取广告、赞助和促销等营销手段，受《烟草控制框架公约》的影响，广告投入大规模下降。其发展特色主要是强调对原材料烟叶的控制、拥有较高的人力资本、注重品牌塑造和信誉、不断进行兼并重组和实现了全球业务一体化。

（二）英美烟草

英美烟草是世界第二大跨国烟草公司，由美国烟草公司和帝国烟草公司于 1902 年组建，总部设在英国伦敦，拥有 44 家烟草制造厂，产品遍布全球 180 多个国家和地区。英美烟草共有 300 多个卷

---

① 李保江：《2013 年世界烟草发展报告》，东方烟草网，2013 年 3 月 12 日。
② 李保江：《2013 年世界烟草发展报告》，东方烟草网，2013 年 3 月 12 日。

烟品牌，以登喜路（Dunhill）为代表，2013 年其全球销量为 108 万箱。为了赶超菲莫国际，英美烟草的发展特色是重视巩固和开拓烟草市场，并加大对发展中国家的投资，开拓新型烟草制品和电子烟市场，通过收购、合资与合作的模式将公司做大做强。

（三）日本烟草

日本烟草，顾名思义，是日本建设的国家烟草集团，是世界第三大跨国烟草公司，总部设在日本东京，拥有 39 家烟草制造厂，产品遍布全球 120 多个国家和地区。虽然日本取消了烟草专卖制度，但仍保留《烟叶专卖法》并在烟草生产企业实行国有控股，于 1999 年收购了美国雷诺烟草公司的国际业务，2007 年收购了英国加拉赫烟草集团，一直在不断壮大。日本烟草拥有约 100 个卷烟品牌，国际市场以云丝顿（Winston）、乐迪（L&D）和骆驼（Camel）为代表，国内市场以七星（Mevius）为代表。其发展特色是保护国内烟农和烟草企业，开展医药和食品等多元化经营，不断进行购并扩张。

（四）帝国烟草

帝国烟草属于历史最悠久的烟草公司之一，是世界第四大跨国烟草公司，总部设在英国布里斯托尔，拥有 46 家烟草制造厂，产品遍布全球 160 多个国家和地区。帝国烟草的形成来自几次大规模的购并，2013 年将卷烟品牌分为"成长品牌"——以大卫·杜夫（Davidoff）为代表和"专业品牌"——以时尚（Style）为代表，并将市场划分为"成长市场"——主要包括美国、俄罗斯、中国、沙特阿拉伯等和"回升市场"——包括德国、西班牙等。帝国烟草的发展特色是控制国内市场，经营类别集中于烟草及相关产品，通过购并进行业务延伸。

二　两大跨国烟叶公司

创建于 1918 年的环球烟叶公司是世界第一大跨国烟叶公司，总部设在美国里士满，主要从事烟叶收购加工业务，业务遍布世界 30 多个国家和地区，并控制了部分地区的烟叶。它的主要客户即四大跨国烟草公司，但跨国烟草公司均在进行烟叶直接采购和实体化运作，使其交易量不断下降。

2005 年，由德孟公司和标准商业公司合并而成的联一国际公司则是世界第二大跨国烟叶公司，总部设在美国罗利，同样主要从事烟叶收购加工业务，业务遍布世界 45 个国家和地区。联一国际公司的客户较多，烟叶销往包括中国在内的 90 多个国家和地区，且中国的销售额仅次于美国本土。

因此，从一定程度上讲，中国的烟草专卖制度保护了国内市场免遭跨国烟草巨头的控制，这也是跨国烟草企业采取多种方式对我国施加压力的重要原因。国际烟草局势的变动与这些跨国烟草巨头息息相关，中国在面对压力的同时应该借鉴其发展经验，利用自身优势打造属于自己的跨国烟草企业。

第二节　中国烟草业的生产和流通情况

一　中国烟草业的生产和运营模式

中国烟草业的生产和运营是在国家专卖规制下进行的，1991 年 6 月 29 日第七届全国人民代表大会常务委员会通过了《中华人民共和国烟草专卖法》，自 1992 年 1 月 1 日起施行，对烟草行业实行"统一领导、垂直管理、专卖专营"的管理体制。国务院设立全国烟草行政主管部门——国家烟草专卖局（STMA）主管全国烟草专卖工作，各地设立省级、地（市）级、县级烟草专卖局，主管本辖区烟草专卖工作。烟草专卖品是指卷烟、雪茄烟、烟丝、复烤烟叶、烟叶、卷烟纸、滤嘴棒、烟用丝束、烟用机械，卷烟、雪茄烟、烟丝、复烤烟叶统称烟草制品。

烟草生产实行国家运营模式，所有烟草工业企业均为国企。首先，烟草工业企业由国家统一管理。我国实行烟草专卖生产企业许可证制度，只有在主管部门批准及持有许可证并在工商部门登记，才能生产烟草制品，且必须严格执行国家下达的生产计划。国务院和烟草专卖局（公司）通过行政计划的方式严格管理烟草工业企业，烟草工业企业只能在年度总产量计划范围内，根据市场供需情况，对分等级、分种类的卷烟产量指标进行适当调整。其次，烟草工业企业不断进行兼并重组。2001年，我国出台《烟草行业"十五"计划》，要求按照"壮大一批、扶强一批、搞活一批、淘汰一批"的思路，不断加大烟草工业企业兼并重组的力度，争取使6家烟草工业企业的生产规模达到100万箱以上，20家烟草工业企业的生产规模达到50万箱以上，同时把烟草生产企业减少到90家以下。此后，全国烟草业掀起了兼并重组的浪潮，到2009年已经减少到了30家，其中以2008年红云红河集团的合并最为著名，组成了亚洲生产规模最大的烟草企业。但这还达不到国际标准，只有继续实现强强联合，提高市场集中度，才能建立一个新的世界烟草企业。最后，管理体制实行工商分离。2003年以前，烟草工业企业由各省级烟草公司管理，省级烟草公司基于自身利益对外地烟草制品进行限制，形成了严重的地方保护主义。为了消除地方割据，国家烟草专卖局于2003年分成工业公司和商业公司，分别管理烟草生产和销售，各省级烟草公司仅负责烟草制品的流通与销售。这一举措在一定程度上缓解了地方保护主义问题，但是垄断利润、税收、政绩等多重原因的叠加使我国的烟草生产和销售仍是各自为政，"强者趋弱"和"劣不汰"的现象依然存在。

中国是世界第一大烟草国，2013年我国共生产卷烟25603.8亿支。烟草工业企业始终坚持"控制总量、提高质量、调整结构和增加效益"的方针政策，在缩减企业数量和提高产品质量的同时，其产量和利税总额均实现了稳定增长（见图3-1、图3-2）。

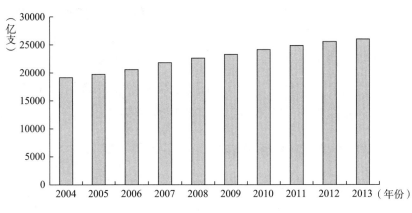

图 3 - 1　2004～2013 年中国卷烟生产情况

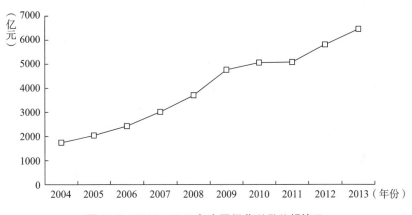

图 3 - 2　2004～2013 年中国烟草利税总额情况

吸烟是亿万烟民文化生活中不可缺少的一部分，中国烟民偏好中式烤烟型香烟，这既取决于传统风俗习惯和对品牌的依赖，又取决于自主核心技术所带来的独特香气风格和口味特征。目前，国家烟草专卖局认定的国内 36 种知名品牌（排名不分先后）为"红塔山、玉溪、红梅、恭贺新禧、红河、云烟、中华、石林、阿诗玛、白沙、红双喜、红山茶、中南海、黄果树、芙蓉王、牡丹、福、利群、黄山、红旗渠、红杉树、将军、娇子、南京、红金龙、一品梅、七匹狼、金芒果、羊城、大红鹰、天下秀、石狮、猴王、五一、迎客松、金圣"。按区域来看，主要的三大烟草力量为：云系，以红塔集团和红云红河集团为代表；沪系，以上海烟草集团为主，完成了京津沪的布局；湘系，以白沙集团和常德卷烟厂为代表。然而，中国烟草企业生产规模较小，达不到产生规模效益的基本要求，如中国品牌"红塔山"的市场集中度约为2%，而世界第一品牌"万宝路"的市场集中度约为61%，且前者的年产量还不到后者年产量的10%。

二 中国烟草业的流通情况

（一）烟草的特性

烟叶一直处于国家的严格规制下，几乎不存在流通，是按照相关规则和流程进行的。这是因为烟叶具有比较收益和负外部性，也是国家出于保证粮食安全和原材料稳定供应的考虑。在烟草生产阶段，流通仅表现为从烟叶和辅料的加工到成品卷烟的产出，同样是按部就班，完全忽视了生产流通系统与管理系统的衔接。这是由烟草生产的负外部性和国有企业的性质决定的。真正意义上的流通对象应该是只处于销售阶段的烟草制品，以卷烟为代表。首先，烟草制品最明显的特性是上瘾性。表现为卷烟是烟民的生活必需品，一旦上瘾就很难戒掉，具有较低的需求价格弹性。其次，烟草制品具有负外部性，即烟草制品带来的社会成本，除污染外最主要的是"二手烟"的危害。根据"理性上瘾理论"，政府规制的重点应该是通过税收等手段来调控烟草制品产生的负外部性。再次，烟草制品具有垄断性。这一方面来自自然垄断，另一方面则是专卖制度的产物，再加上进入、退出壁垒等因素，使烟草成为垄断专营的商品。最后，烟草制品还具有高附加值、高税收、高利润等特性。这也让烟草成为利益主体争夺的目标，在以烟草为支柱的地区，还出现了"成也烟草，败也烟草"的现象。

（二）烟草流通的特点

烟草流通区别于其他商品的流通，受国家专卖制度的规制，表现为具有较强的可监控性，且流向、流量和流速均比较稳定，是市场运作与宏观调控相结合的产物，避免了因被跨国烟草企业控制而形成的不稳定状态（以津巴布韦为代表）。2013 年，我国烟草业已经形成了自上而下的领导组织体系和专业的企业流通运作模式，并建立了烟草制品配送体系和烟草流通供应链的信息系统，为烟草物联网的构建创造了良好条件。全行业共有烟草流通自动化配送中心410 多个、内部仓库 680 多个、中转站 1835 个以上、分拣流水线2000 条左右、送货车辆 19896 辆、零售客户 490 多万个，送货率基本达到 100%。[①] 2006～2012 年，我国烟草流通量逐年稳定增长，其中 2007 年是增长速度最快的年份，增速达到了 4.6%（见表 3-1、图 3-3）。

表 3~1　2006～2012 年我国烟草流通量变化情况

单位：亿元

指标	2006 年	2007 年	2008 年	2009 年	2010 年	2011 年	2012 年
烟草流通量	20430.10	21371.00	21888.13	22626.71	23554.99	24254.57	24836.68

资料来源：《中国烟草年鉴》（2007～2013 年）。

由于原材料和工业流通都是按相关程序进行的，因而只有商业流通的特点较为突出。我国烟草商业流通的总量较大，每年约为 550万吨，各省卷烟流量总计约为 3800 万箱，省际流量约为 1100 万箱，其中后者呈现较大的差异性，仅云南和贵州两省调出的卷烟就占省际流量的一半以上。[②] 我国烟草流通的主要特点是：①零售商户小而多，表现为流动资金少且缺乏抵抗市场风险的能力，因而订单量较小但种类多，配送频繁，一直沿用的送货到家模式增加了流通成本

---

① 中国物流技术协会信息中心：《2013 年度烟草行业物流系统建设市场研究报告》，2013，第 19 页。

② 张正义、郑晓海、张永征：《我国烟草商业现代物流发展综述》，《物流技术与运用》2006年第 2 期，第 47 页。

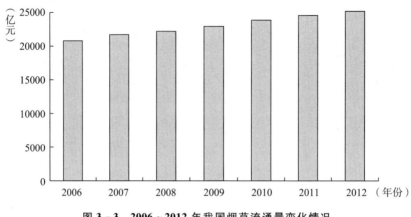

图 3－3 2006～2012 年我国烟草流通量变化情况

和工作量；②工商业分离产生了两种流通系统，使流通网络复杂化并浪费了资源，而且烟草生产企业以整件发货为主，烟草流通企业则以整条发货为主，并未形成托盘发货模式；③自动化和信息化程度逐年提高，这是由卷烟外形的单一性和数量的规模化决定的。

（三）烟草的流通模式

流通模式一般分为三类：直销——没有任何中间环节而直达消费者；直营或直供——没有分销商而直接供货给零售商；分销——通过分销商（中间商）将商品提供给零售商。烟草属于国家规制的特殊商品，其流通模式具有特殊性。

烟草流通是指烟草、烟草制品、烟用原辅料从生产、收购、储存、运输、加工、销售服务到流通环节烟草配送的整个过程中物质实体运动及其系统的优化与控制管理活动。烟草流通的对象是卷烟及其原材料烟叶和辅料等，以卷烟为主，其运行主体主要是生产商、经销商和烟草物流企业（指专门从事烟草物流的第三方物流企业，目前较少）。按照内容进行划分，烟草流通可以分为烟叶流通、烟草生产流通和烟草销售流通。其中，烟草生产流通是指以生产卷烟所需的上游原材料烟叶和辅料等为对象，以烟草生产企业为主体，在生产经营活动中的流通；烟草销售流通是指以卷烟为对象，以烟草专卖局、各级烟草公司和零售户为主体，将卷烟送到消费者手中的流通。[①] 烟草流通的主要环节见图 3 - 4。

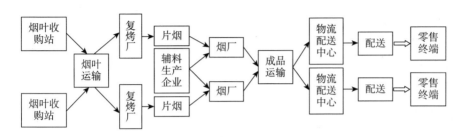

图 3 - 4　烟草流通的主要环节

　　烟叶流通，也叫烟草供应流通，以保证卷烟生产为目的，不断进行原材料烟叶、卷烟辅料和设备等供应的流通活动。烟叶流通包括烟叶的种植、收割、复烤、采购和配送等过程，是烟草生产企业实现成本最小化和让顾客满意的关键。目前烟叶流通面临的问题主要是烟叶或烟丝供应网络和方式的优化以及现代流通体系的构建等。烟草生产流通属于烟草生产企业内部的流通，是为原材料、辅料、中间产品和产成品等对象配备的相应流通作业，涵盖了从烟叶到卷烟产出的整个过程。虽然已经建立了流通体系并配备了相关设施，但仍缺乏信息化建设，没有实现流通信息系统和管理系统的有效对接，增加了流通成本并影响了流通效率的提高。烟草销售流通也称烟草商业流通，主要包括卷烟的流通与配送，同样受到烟草专卖制度的规制，由烟草专卖局（公司）负责，以设置专卖店或代售点的方式进行。以 2008 年为例，我国共拥有 348 家地市级烟草流通网点、483 万户卷烟零售客户。在烟草业改革之前，我国一直沿用烟草专卖制度的流通模式，卷烟实行计划分配，全部由烟草商业公司统购包销。随着烟草工商业分离等改革的深入，国家烟草专卖局做

[①]　中国物流技术协会信息中心：《2013 年度烟草行业物流系统建设市场研究报告》，2013，第 6 ~ 7 页。

出改革卷烟流通体制、建立烟草系统卷烟销售网络的决策，明确提出建设以"以我为主、归我管理、由我调控"为基本原则的卷烟销售网络。首先，在农村设置批发网点；其次，开展城市网点的大规模建设；最后，借助物联网的发展，按照"电话订货、网上配货、电子结算、现代流通"的模式努力打造"配置合理、系统集成、信息管理、规范运作"的现代烟草流通体系。一个成功的代表是"新商盟"这一电子商务平台的建立，成为有效连接烟草工业、商业和零售商的纽带，但仍存在缺乏知名度以及影响力和效率较低等问题。这就需要继续加强烟草流通和销售的网络建设，甚至可以利用微信实现手机的全程监控，将烟草消费者也融入进来，从而有效解决走私烟、假烟和卷烟的"最后一公里"等问题。

第三节　中国烟草业的国际竞争力分析

中国地域辽阔，适合种烟的国土面积为 300 多万公顷，而且地形和气候多样，适合多种烟叶（主要是烤烟）的生长，其中我国最优烤烟品种就是由引进的"大金元"种子培育而成的"云南一号"。中国是世界上生产烤烟最多的国家，烤烟产量约占世界烤烟产量的 40%（见图 3 – 5）。

中国作为世界第一人口大国，也是卷烟的生产大国。烤烟和卷烟产量与我国丰富的廉价劳动力息息相关，充足的人力资源造就了产量优势。在国际控烟日趋紧张的形势下，我国的卷烟生产与世界同步，总体上呈稳定而略有波动的状态，近年来卷烟产量占世界卷烟产量的 25% 左右（见图 3 – 6）。

人口大国的另一优势体现在卷烟消费上。中国大约有 3.2 亿烟民，占世界吸烟总人数的 1/4，卷烟消费量约占世界烟草消费总量的 30%，且我国的烟草市场容量还将继续扩大，主要体现在农村烟草市场蕴藏着巨大的潜力。中式香烟有其独特的味道，在烟草公司和

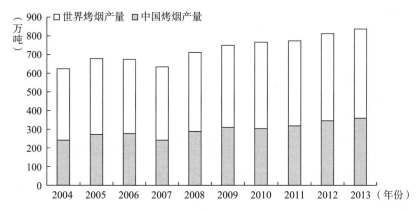

图 3 – 5　2004 ～ 2013 年中国与世界烤烟产量变化情况

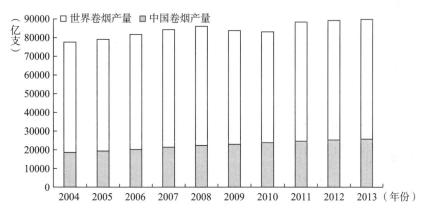

图 3 – 6　2004 ～ 2013 年中国与世界卷烟产量变化情况

政府的支持下还在质量和味道上有了极大的提升，并具有价格较低的优势，因此拥有忠实的客户群。虽然世界烟草市场由四大跨国烟草公司所占有，2013 年四家公司的卷烟销量达到 4710 万箱，占除中国外世界卷烟市场的 69.7%。然而，中国烟草却保持着较高的卷烟销量（见图 3 –7）。

此外，我国还推出了新混合型卷烟，是在卷烟配方中添加中草药或中草药提取物而制成的，属于世界首创，并掌握了核心生产技术。由此可知，中国烟草业是世界烟草系统的重要组成部分，其强大的生产力和消费力能够自发推动本国乃至世界烟草业的健康发展。

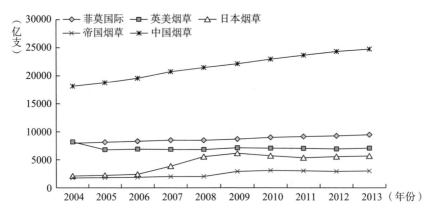

图 3 - 7　2004 ~ 2013 年四大跨国烟草公司与中国烟草的卷烟销量

　　然而，中国烟草业还无法有效地参与到国际市场竞争中，原因包括以下几个方面。

　　第一，数量上的绝对优势并没有带来质量的提升，中国烤烟与世界优良品种相比还有一些差距。目前，世界烤烟中质量最好的是美国，其次是加拿大、巴西和津巴布韦等。而且我国的烤烟过于本土化，进入国际市场后，很难使其他国家的烟民偏好中国特色的口味。因此，我国需要继续坚持"引进来"的方针，如"云南一号"同样需要不断进行培育和创新，只有这样才能使中国的烤烟真正"走出去"。此外，我国的烤烟种植与收购缺乏弹性和市场竞争，是按照合同有计划地进行的，由烟草公司统一管理，不具备研发创新的内在动力和外在激励，容易出现保量不保质的现象以及寻租、道德风险和逆向选择等问题，不利于烤烟质量的提高和烤烟品种的进一步丰富。

　　第二，中国烟草业的市场集中度偏低，并未形成规模经济，缺乏国际市场竞争力。虽然我国烟草业的影响力和竞争力近年来不断提升，但在世界舞台上与四大跨国烟草公司相比还有巨大的差距。国际市场的竞争，主要表现为烟草制成品卷烟的产量和市场占有率，我国的卷烟生产近年来增长较为缓慢。这是由于中国烟草业开始受到国际控烟标准的影响，但最重要的原因还是我国的地方保护主义和专卖规制政策。通过计算可以得到 2013 年我国烟草业的 CR_4 为 39.98%，而美国仅前三家烟草企业的市场占有率就达到了 90% 以上。烟草生产企业的最佳经营规模应在 60 万箱以上，但中国仅少数企业能达到。以卷烟销量最多的红塔集团和红云红河集团为例，2013 年集团销量在 400 万箱以上，而排名世界第一的菲莫国际在 2001 年的销量就达到了 1800 万箱，仅万宝路一个品牌在 2013 年就销售了 805 万箱。除中国外的世界烟草市场被四大跨国烟草公司所控制，其销量构成见图 3-8。

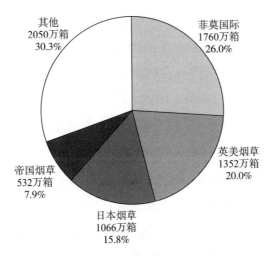

图 3-8 2013 年世界烟草市场的销量构成

从理论上来讲，烟草工业布局在烤烟产地或距原材料较近的地方，有利于形成产业链和集聚，从而实现利润最大化或成本最小化的最优生产目标。但由于烟草业的高利润和高税收特性，地方政府会强烈支持当地烟草工业的发展而不考虑是否具备条件，同时会产生结构趋同的现象，并且会阻碍其他烟草企业及卷烟品牌的进入，因而不利于我国烟草业实现规模经济和产业集聚效应。

第三，研发不足，技术落后，缺乏创新。随着各项控烟措施的出台，国际上的卷烟已经朝着混合型、低焦油和淡香型方向发展，但中国卷烟仍停留在过去，以高焦油和浓香型为主。《烟草控制框架公约》要求焦油含量控制在 11.2 毫克/支左右，"万宝路"的焦油含量已经在 11 毫克/支以下，而我国大部分卷烟均超过了这一标准，少部分甚至还超过了 19 毫克/支。这说明国内烟草企业很少进行产品的研发，研发资金投入也较少。以红塔集团为例，红塔集团研发经费所占比例从 1999 年的 23.3% 下降到 2007 年的 8%。技术水平的一个重要衡量指标是劳动生产率，我国烟草企业的最高生产率水平不到国际平均水平的一半，整个烟草业的利润和销售收入还不及菲莫国际。从创新情况来看，我国仅研制出添加中药或中药提取物的新混合型卷烟，国际上新型烟草制品和电子烟层出不穷。我国烟草业的部分关键技术仍然缺乏自主知识产权，尤其是一些关键性的原材料如香精料和部分原辅料，仍然需要国际企业的供给，因而卷烟生产经常会受到限制。2000～2004 年中国烟草业申请的 438 项专利中有 88 项是发明专利，而在国外企事业单位申请的 488 项烟草专利中，有 469 项是发明专利。[①]

第四，人力资源构成不合理，人力资本投资不足。我国丰富的劳动力资源的主体是体力劳动者，烟草业发展所需的技术人员则较为匮乏。在烟叶种植环节这一问题十分突出，初中和高中文化程度的从业者占了绝大部分，无法为高档卷烟的生产提供充足的高质量烟叶。在烟草生产环节，无技术职称人员占了一半以上，多为从事体力劳动的车间工人，因而很难在生产中提高卷烟质量。关于人力资本投资，烟农培训主要由相关技术人员负责，而相关技术人员较低的文化和技术水平严重影响了培训质量和效果。大部分烟草生产企业忽略了人力资本投资，仅重视产销量。以红塔集团为例，2000年以来红塔集团的教育经费占技术经费投入的比例仅为 5% 左右，专

---

① 张严柱：《中国烟草行业发展战略选择问题研究》，东北财经大学博士学位论文，2012，第 48 页。

业技术人员占比也仅占30%左右。因此，人力资源结构不合理和人力资本投资不足将不利于我国烟草业国际市场竞争力的提升以及产业的健康长远发展。

第五，烟草生产和流通缺乏活力，存在走私烟和假烟现象。我国的烟草生产企业全部为国企，由于垄断利润的存在，在绝大多数地区成为就业的"金饭碗"，但企业缺乏公平公正的招聘程序，一些新入职人员是员工的子女或亲戚。中高层管理者的选拔同样缺乏透明度和公平性，烟草利税中的绝大部分需要上缴国家和地方政府，使烟草生产企业缺乏追求利润和谋求发展的动力，企业内部也缺乏激励员工不断提升自己的机制。烟草流通完全由烟草专卖局（公司）控制，而烟草专卖局（公司）是事业单位和国企的混合体，享有比烟草生产企业更高的工资和福利。员工招聘和选拔任命缺乏透明性，单位内部存在"大锅饭"现象，这就造成了我国烟草市场中出现走私烟和假烟现象。此外，对烟草批发和分销的绝对控制，以及落后的烟草流通体系，使烟草制品市场一直处于供小于求的局面，刺激了走私烟的需求，而假烟则来源于巨额利润的驱动和监管的缺失。

这些问题制约了中国烟草业的健康发展，需要国家和相关部门予以高度重视并加以解决，只有这样才能应对跨国烟草巨头的竞争。而公平公正的竞争也有利于激发我国烟草生产和流通的活力，使企业不断做大做强，最终在世界烟草市场中占据一席之地。

第四节　中国烟草业面临的国际压力和控烟要求

中国加入WTO后，面临的主要问题在于关税的减让，当然还有取消数额限制等非关税措施。在烟草领域需要减让的关税是烟草制品进口税、烟叶及钾肥进口税、烟草机械进口税、卷烟滤嘴税、卷烟包装纸税等。我国承诺在加入 WTO 后的 2 ~ 5 年时间里，卷烟、烟叶、丝束、卷烟纸、烟草机械的进口关税逐步降低，而且自 2004 年 1 月 1 日起取消"特种烟草专卖零售许可证"，这意味着我国烟草消费市场对世界烟草企业完全开放。和其他商品一样，这些举措将使大量外国烟草制品涌入中国市场。美国还致力于促使中国放开烟草批发和分销体系，但我国始终没有同意，因而美国一直施加压力，试图让外资和外国烟草企业进入中国烟草流通领域。中国并没有宣布废除烟草专卖制度，这保证了"有形之手"的调控作用，也使中国成为目前世界上实行烟草专卖的两个国家之一（另一个为朝鲜）。由于我国烟民的口味偏好等原因，入世后对中高档烟的冲击较大，地方保护主义问题使垄断势力更强大。目前，中国烟草业应该以提高市场竞争力和实现规模经济为首要任务，并且逐渐消除地方保护主义，才能抵御国外烟草公司尤其是大型跨国公司的冲击。当然，加入 WTO 同样也为中国烟草业带来了国际化的机遇，使其能够更方便地进入他国市场，实现高利润甚至范围经济。在中国政府的支持下，中国的烟草公司拥有强大的后盾，能够在全球化浪潮中不断发展和完善自己。同时，面对国际企业的冲击，我国烟草产业结构优化调整的时机已经到来。当然，面对国际市场，需要出台相关规制政策，烟草企业也要进行战略调整，以顺应自由贸易的国际化趋势。

国际上一直在进行控烟的合作，2003 年 5 月，第一个限制烟草的全球性公约——《烟草控制框架公约》在第 56 届世界卫生大会上通过，要求各国履行减少烟草需求和供应的职责，但对发达国家和发展中国家的要求不同，这一公约成为世界烟草控制的重要依据。这是第一个全球范围内针对烟草的多边协议，其最终内容由各成员国谈判决定，目的在于最大限度地减少烟草对人体的损害和对社会环境产生的影响，最终目标是通过规制来实现全球无烟。2003 年底中国签署了《烟草控制框架公约》并于 2005 年正式生效，这对保护人们的身体健康起到了积极的作用，也对我国的烟草专卖制度和烟草业发展提出了更高的要求，主要表现为：提高烟草价格和税收，在一定程度上抑制了烟草需求；对烟草科技进步要求更高，要求对相关有毒成分和可能产生的释放物进行披露；公共场所将被广泛禁烟，以消除"二手烟"的危害；加大宣传教育力度，人们的维权意识增强，烟草企业所面临的与吸烟有关的官司将增加；严厉打击烟草走私、非法生产和制假贩假等行为；禁止向未成年人出售烟草制品，且不允许未成年人经营卷烟；对烟草包装、标签和广告等的要求更加严格，如《烟草控制框架公约》规定"烟草制品的外包装和标签上不得出现'淡味'和'超柔和'等字样，以免误导消费者，使其以为该类产品并无烟草制品所固有的危害性；同时还必须在外包装上注明警示语，而且警示语的位置和大小'应当占据主要可见部分的30%~50%'，'也可采用图片或者象形图标示'"。① 《烟草控制框架公约》的出台使反烟运动和烟草诉讼越来越多，跨国烟草巨头在欧美等发达国家和地区经常要面临诉讼后的巨额赔款，大部分企业进行了产业结构和市场结构优化，开始进军发展中国家，有的甚至转移了卷烟制造中心。因此，对于中国烟草业而言，如何谋求自身的健康发展迫在眉睫。

第五节　中国烟草业的产业特征分析

中国是世界第一大烟草国，烟草业是中国税收收入第一大来源行业，其利税收入占全国总利税收入的1/10左右，可见烟草业在我国经济发展中的地位显著，因而受到有关部门的高度重视。烟草是

---

① 张严柱：《中国烟草行业发展战略选择问题研究》，东北财经大学博士学位论文，2012，第79页。

重要的经济作物，吸烟是亿万烟民文化生活中的重要部分，更是国家和地方财税的重要经济来源，受到有关部门的高度重视。国内大量的文献集中于烟草专卖制度的存废问题，部分学者则采用 SCP（市场结构、市场行为和市场绩效）分析范式对中国烟草业进行了分析。本书没有立足于讨论烟草专卖制度的存废问题，也没有局限于传统的 SCP 分析范式，而是运用产业经济学、统计学、计量经济学和博弈论等方法，采用 SC（市场结构与市场行为）分析范式来研究中国烟草业的发展现状及其特殊产业特征，分析中国烟草业存在的问题并提出相应的政策建议。

产业分析中比较经典的方法是贝恩（1959）提出的 SCP 分析范式。由于中国烟草业的特殊性，其市场结构是由中央和地方政府所决定的，地方保护主义问题严重，其市场绩效其实已被市场结构所决定，而市场行为对市场绩效影响不大，导致传统的市场结构决定市场行为、市场行为决定市场绩效的 SCP 分析范式并不太适用于分析中国烟草业。此外，烟草制品具有负外部性和上瘾性的特点，国家和地方政府还对烟草业产生了严重的税收依赖。因此，通过研究烟草业特殊的市场结构与市场行为（SC 分析范式），能够更加深入地认识其产业特征。

首先，市场集中度是市场结构的重要衡量标准之一，它反映了市场中垄断或竞争的程度，包括行业集中度（CR_n）、赫芬达尔 - 赫希曼指数（HHI）及熵指数等。本书采用 CR_n 指标来进行测度，其计算公式为：

$$CR_n = \sum_{j=1}^{n} X_i \Big/ \sum_{j=1}^{N} X_i$$

其中，CR_n 为规模最大前 n 家烟草企业的市场集中度；X_i 为烟草业中第 i 个企业的生产或销售规模；N 为烟草业中所有企业的数量。通过相关资料计算得到烟草业产量集中度（见表 3 - 2）。

表 3 – 2 烟草业产量集中度

单位：%

年份	CR_4	CR_8	CR_{10}
2000	17.75	28.17	32.18
2001	16.82	27.10	31.44
2002	16.10	26.44	30.92
2003	16.66	28.97	34.54
2004	17.01	29.32	34.95
2005	23.97	41.43	48.20
2006	26.00	44.12	51.33
2007	31.35	52.06	60.57
2008	33.28	53.33	60.68
2009	33.95	54.56	62.13
2010	34.99	56.21	64.09
2011	35.74	57.54	65.62
2012	36.85	59.32	67.74
2013	37.98	60.76	69.36

资料来源：《2006 年中国产业发展报告》和各烟草网站。主要企业为红塔集团、红云集团、红河卷烟厂（2007 年更名为红河烟草集团，2008 年红河集团与红云集团合并为红云红河集团）、白沙集团、黄果树集团、上海烟草集团和武烟集团。

根据贝恩的划分标准，CR_4 在 75% 或 75% 以上的属于极高寡占型，CR_4 为 35% ~ 50% 的属于中（下）集中寡占型，而 CR_4 为 30% ~ 35% 的则属于低集中寡占型，CR_4 在 30% 以下就属于原子型。可见，由于我国烟草业并不像美国那样由大规模的竞争兼并重组而形成，因而选用贝恩的分类法并不十分恰当。值得注意的是，随着我国烟草企业的并购重组，我国烟草业的市场集中度将逐步提高。但是与欧美等发达国家和地区相比还是偏低，美国前三家企业的市场占有率达到 90% 以上，而日本烟草公司的市场份额达到了 72.9%。与二者相类似的还有英国和德国，英国的烟草市场主要被帝国烟草和加拉赫集团占有（合计为 90%），而德国的烟草市场则被菲莫国际、帝国烟草和英美烟草所垄断。在努力提高我国烟草业市场集中度的同时，要注意国外烟草公司进入并控制中国市场，目前国家烟草专卖制度和关税的存在对其起到了极大的抑制作用，然而我国加入WTO和签署《烟草控制框架公约》后，关税迅速降低，国家烟草专卖制度面临巨大的压力，提高我国烟草企业的市场竞争力刻不容缓。

为了说明市场集中度的重要性，根据李穗明和朱立（2009）的研究，本书同样选取 CR_8 和烟草业工商利税（以2000年为基期）进行分析（见表3-3）。

表3-3　CR_8和烟草业工商利税

年份	CR_8（％）	烟草业工商利税（亿元）
2000	28.17	1050.00
2001	27.10	1083.33
2002	26.44	1274.00
2003	28.97	1405.24
2004	29.32	1742.63
2005	41.43	2040.27
2006	44.12	2426.72
2007	52.06	3017.23
2008	53.33	3709.57
2009	54.56	4761.94
2010	56.21	5058.65
2011	57.54	5078.18
2012	59.32	5807.05
2013	60.76	6454.97

资料来源：《2006年中国产业发展报告》、各烟草网站以及相关年份《中国烟草年鉴》。

运用 SPSS 19.0 进行分析，得到 Pearson 相关图（见图3-9）。

相关性

		CR$_8$	烟草业工商利税
CR$_8$	Pearson 相关性	1	0.942**
	显著性（双侧）		0.000
	N	14	14
烟草业工商利税	Pearson 相关性	0.942**	1
	显著性（双侧）	0.000	
	N	14	14

注：**表示在0.01水平（双侧）上显著相关。

图 3 - 9　Pearson 相关图

建立回归方程可得：ln（烟草业工商利税） = 0.801 + 1.894 ln（CR_8），t 值为 1.44 和 12.82，R^2 和调整后的 R^2 分别为 0.932 和 0.926。可见，烟草业的市场集中度和利税呈现明显的正相关关系，市场集中度的提高将产生规模效应，促进烟草业的发展。

烟草业的生产规模要求和垄断势力，加速了我国烟草行业的兼并与重组。2001 年，中国烟草生产企业共有 141 家，2002 年底减少至 84 家，到 2005 年底仅为 44 家，但行业产销规模在 100 万箱以上的企业由 2000 年的 4 家增加到 2005 年的 15 家，卷烟产销量排在前 10 位的企业生产集中度也由 2000 年的 32% 提高到了 2005 年的 48.2%。这在一定程度上说明兼并与重组有利于实现规模经济和提高市场竞争力。具有代表性的是 2008 年底红云集团与红河集团正式合并为红云红河集团，成为亚洲规模最大的烟草企业。然而，我国烟草业的兼并重组以省内兼并重组、行政干预、以强并弱、抢夺生产计划为主，效果并不显著。因此，需要充分发挥重点卷烟工业企业的作用，以品牌为支撑，以资产为纽带，加大跨省联合重组的力度，只有这样才能形成具有国际竞争力的跨国烟草企业。

此外，烟草业还具有税收效应，对中央和地方财政的贡献极大，且具有浓重的行政色彩。2012 年上海烟草集团的利润为 146.881 亿元，仅为菲莫国际的 26.44%，但所有者权益则高达 896.3953 亿元，约为菲莫国际的 62 倍。在分税制改革后，中央财政拿走了烟草税的 70% 以上，地方政府可谓困难重重，然而较高的税收保证和投资回报率依旧决定了其对烟草业的强烈支持，从而产生了严重的地方保护主义，这也导致了大部分地区只有一家烟草企业，如上海烟草集团。为了提高效率而引入外来企业与当地唯一的企业竞争，就会出现消耗战博弈。因为烟草业受到国家专卖规制而且需要征收高税收，只有形成对市场的控制和规模经济才符合企业自身利益最大化的原则。烟草生产企业在不断进行兼并重组和扩大生产规模的同时，也形成了对市场的完全垄断。本书研究两家企业的博弈，假设采用 $N+1$ 个日期，一般的时期记作 t，垄断者每个时期获得的利润为 π，双寡头企业在每个时期承受的损失为 c（竞争产生的损失），则其盈利矩阵见表 3 - 4。

表 3 - 4　双寡头企业的博弈矩阵

1/2	日期 0	日期 1	⋯	日期 t	⋯	日期 N
日期 0	0, 0	0, π	⋯	0, $t\pi$	⋯	0, $N\pi$
日期 1	π, 0	$-c$, $-c$	⋯	$-c$, $(t-1)\pi-c$	⋯	$-c$, $(N-1)\pi-c$
⋯	⋯	⋯		⋯		⋯
日期 t	$t\pi$, 0	$(t-1)\pi-c$, $-c$	⋯	$-tc$, $-tc$	⋯	$-tc$, $(N-t)\pi-tc$
⋯	⋯	⋯		⋯		⋯
日期 N	$N\pi$, 0	$(N-1)\pi-c$, $-c$	⋯	$(N-t)\pi-tc$, $-tc$	⋯	$-Nc$, $-Nc$

因此，考虑纯策略纳什均衡。从公司 1 的最优反应函数出发，假设公司 2 将在 t 期退出，则退出的最优反应必定是 0 期退出或坚持到日期 N，其最优反应函数为：

$$b^1(t) = \begin{cases} 0, & \text{if } \quad t \geq \dfrac{N\pi}{\pi+c} \\ N, & \text{if } \quad t \leq \dfrac{N\pi}{\pi+c} \end{cases}$$

最优反应曲线见图 3 - 10。

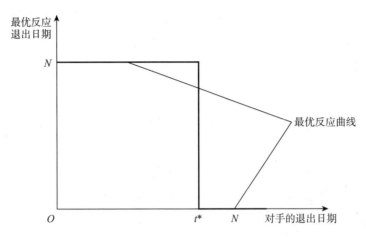

图 3 - 10　最优反应曲线

资料来源：〔美〕普拉伊特·K. 杜塔：《策略与博弈：理论及实践》，施锡铨译，上海财经大学出版社，2005，第 115 ~ 119 页。

综上所述，即使有其他企业进入，最终也只会剩下一家企业。由于烟草生产和消费会产生负外部性，国家和地方政府也不会允许某个地区出现多个烟草企业，这是由烟草业的特性决定的。

其次，严格的进入和退出壁垒。烟草业的市场进入壁垒在我国主要表现为国家的专卖专营，即国家规制，通过法律来规范从烟叶的种植到收购、加工及出售等环节，导致烟草业存在较高的进入门槛，表现为行政性进入壁垒。因为如果没有国家和地方政府的许可，是无法成立烟草生产企业的，且其性质均为国企，具有浓重的行政色彩。而烟草业的垄断特性和不断兼并融合的需求决定了烟草生产企业的地区单一性，这表现为结构性进入壁垒。烟草业还存在策略性进入壁垒，即烟草在位企业会通过价格和成本等手段阻止新企业的进入，尤其是针对外地企业，这也导致了严重的地方保护主义。此外，规模经济和大量的资本投入也成为新企业进入的门槛，烟草在位企业还在原材料、专利技术、销售渠道、运输系统和专用人才等方面具有独占性，使新企业要花费相当多的人力、物力、财力来构建属于自己的烟草生产和销售体系，且香烟的品牌忠诚度普遍较高，新产品的推广显得极其困难。退出壁垒则是中央和地方政府对烟草业的税收依赖，再加上大量的资本、技术和专有设备投入产生的沉没成本，以及创业者和当地群众对企业的深厚情感，导致我国烟草企业"劣不汰"。

再次，许可证制度的长期存在，以及烟草广告的重重限制。许可证制度主要表现为经营许可权，烟草制品的生产、流通和销售均需要经过层层审批。一方面，许可证制度作为环境规制的有效手段，是科斯产权理论的产物，目的在于解决市场失灵问题，在一定程度上抑制了烟草的负外部性。另一方面，申报与审判流程的不透明和缺乏有效监督使其成为寻租的温床，并阻碍了烟草制品的正常生产和流通。中国加入 WTO 的要求之一就是转变过去的审批方式，以对烟草业进行指导、服务和监督为主，比较典型的是网上申报和审批模式，从而实现许可证制度的透明化。自 2003 年 7 月起，我国开始实行网上申报和审批与纸质文件同步，涉及烟草生产许可证和烟草准运证等内容，标志着烟草专卖许可证制度的变革。

最后，产品差异化明显，且具有品牌效应。烟草业的产品差异化主要体现在产地和等级两方面，最终是品质和品牌的差异，这也是进入壁垒的一个典型代表。品质的差异主要体现在色泽、香味与杂气、刺激性和余味、劲头、燃烧型和灰色、焦油和烟碱等方面。[①] 这主要与烟叶的等级有关，通常为上、中、下三个等级，收购价格也相差甚远。真正决定其差异性的应该是品牌，因为消费者看到的是制作好的卷烟产品，而烟草业总体实力的提升，需要一批规模化的高质量和高利润的烟草品牌做支撑。因此，要努力实施卷烟品牌战略，培育一批具有较大规模、较强竞争力和较广市场覆盖面的全

① 上海财经大学课题组：《2006 年中国产业发展报告——制造业的市场结构、行为和绩效》，上海财经大学出版社，2006，第 496 页。

国性名优产品。品牌战略还促进了企业间的重组兼并，主要以品牌输出的方式进行，如红塔集团兼并了沈阳、长春、海南等卷烟厂，在实现品牌扩张的同时，也有利于打破地方保护主义。然而，地方保护主义始终存在，地方政府和当地烟草企业已形成稳固的统一战线，烟民也更加偏好本地的卷烟品牌，再加上成瘾性和消费者的路径依赖，使消费者（烟民）对某一品牌产生固定需求。针对卷烟的定价，由于我国实行指导价格管理模式，烟草生产企业缺乏自主定价权，只能通过顾客细分的方式，生产不同档次的卷烟，以满足所有烟民的需求。如红塔集团的"红梅"主要针对低收入人群，"红塔山"逐渐从高档变为中档，"玉溪"则面向高收入人群，各个品牌又再次细分，如"玉溪"还分为更高档的"和谐玉溪"和"境界玉溪"等。因为中国在法律上赋予了烟草业不同于其他行业的待遇，对烟草价格实行严格管理，虽然在20世纪90年代中后期开始逐渐放开，但是仍受到国家和行业利益的制约，并不能完全按照市场供求进行定价，形成了烟草制品的卖方市场。我国卷烟按价格可分为低、中、高三档，卷烟消费的主流价区却不断上移。根据2009年卷烟品牌分价区产销数据，销量最大的主流消费区间是批发价为40～50元/条的四类烟，其总销量达到了1019.7万箱，占全国总销量的22.5%，但到2010年第一季度，四类烟开始出现销量下降的趋势，而三类烟中批发价为60～70元/条和80～90元/条的销量分别为130.5万箱和148.8万箱，同比增长20%和18%，属于销量较集中和增速较快的区间。因此，随着人们收入的增加和生活水平的提高，对香烟的品质要求也逐渐提高，这就刺激了烟草生产企业不断推出新型高档香烟。但在农村烟草市场，消费者众多且拥有巨大的市场潜力，目前应该以低档香烟为主，如"红梅"，并逐渐向中高档过渡，甚至可以实施城乡价格歧视，从而消除农村地区香烟供应紧张的现象，满足农村地区烟民日益增长的香烟需求，烟草生产企业也可以通过薄利多销的方式获得更多利润。

　　中国烟草业特殊的市场结构决定了烟草生产企业的市场行为，企业间并不存在价格竞争，广告宣传在严格的规制下进行，仅有的收购兼并行为也是由政府行政干预决定的。

　　从全国范围看，我国的烟草生产企业处于垄断竞争市场，各地烟草品牌展开了激烈的竞争。但地方割据的局面和行政化的手段，使大部分地区仅有一家企业而实现了完全垄断，就连拥有红塔集团和红云红河集团的云南省也呈现双寡头和平共处的现象。烟草制品定价并不依据市场情况，也不需要通过限制性定价和掠夺性定价来打压竞争对手，价格歧视更是难以实行，中国烟草业一直处于无竞争状态。烟民的选择成为决定企业盈利大小的关键，通常只与香烟品牌有关，并已形成地方品牌忠诚度。随着国内市场的开放，世界著名香烟不断涌入，我国企业只能依靠品牌或者推出新产品等方式来进行竞争。国外企业则可以通过价格歧视和各种定价法而处于市场有利地位，一旦其研制出具有中国特色的香烟或者烟民口味发生改变，国内企业将面临全面溃败，中国烟草市场也将失守而被跨国烟草集团所控制。

　　对于烟草广告而言，《烟草控制框架公约》已经做出了严格限制，世界各国基本上持抵制态度。我国主要是通过各类条例和法律来限制其对社会产生的负面效应。如《烟草广告管理暂行办法》第三条规定："禁止在各类等候室、影剧院、会议厅堂、体育比赛场馆等公共场所设置烟草广告。"第十条规定："烟草广告中必须标明'吸烟有害健康'。"面对相关条例和法律的限制，烟草生产企业通常是采取钻漏洞或打擦边球的方式推销自己的产品或宣传品牌，因此我国的烟草广告主要是企业或品牌形象的树立，通常是选择一种自由和积极进取的文化理念，如红塔集团以"山高人为峰"为广告语，"鹤舞白沙，我心飞翔"则代表了"白沙"香烟，这些都属于烟草品牌广告的代表。对于非品牌广告，则大多采取公益项目或赞助冠名的形式来对企业进行变相的宣传，如参与社会福利事业和抗震救灾等活动，或者赞助体育项目和公共设施，其中以云南红塔足球俱乐部（已转让给重庆力帆）最为著名。但这种方式一直存在较大的争议，民间团体坚决持禁止态度，在《烟草控制框架公约》生效后，我国也实行了相关限制政策，如财政部和国家税务总局于2009年规定"烟草广告费和业务宣传费支出，一律不得在计算企业所得税的应纳税所得额时扣除"。

收购兼并是烟草业发展的必然，世界四大跨国烟草公司就是通过不断购并来实现规模效应和增强市场竞争力的，如2013年菲莫国际和日本烟草分别对俄罗斯大都会公司（Megapolis）投资7.5亿美元，因而持有该公司20%的股份，旨在加强对烟草销售网络的控制，日本烟草还于同年3月完成对埃及陨石水烟公司（Nakhla）的收购。当然还有共同注资的方式，由中国烟草与英美烟草共同投资的中烟英美烟草国际有限公司于2013年在中国香港正式投入运营。① 中国从1998年开始不断推进烟草业的兼并重组，除国家支持的因素外，唯一不同的是四大跨国烟草公司主要是依据市场利益来实施购并的，而我国则需要依靠行政干预，具体是借助各级地方政府和烟草专卖局（公司）的力量。典型代表是红云红河集团，它是在云南省委、省政府的支持下，由红云集团和红河集团合并而成的，生产规模跃居亚洲第一和世界第五。但这仅为省内烟草集团的兼并重组，跨省合并的现象还未出现过，这是由严重的地方保护主义所决定的，不利于我国烟草业做大做强。此外，我国烟草业只能实现横向购并，纵向一体化因体制因素而无法进行，因为烟草专卖局（公司）全权负责我国的烟叶收购和烟草制品的流通与销售，其他企业或机构不能涉足其中。这虽然阻碍了我国烟草生产企业的纵向发展，但也防止了四大跨国烟草公司的进入，尤其是对烟叶市场的保护，这是因为原材料的稳定供给是烟草业健康发展的基础。收购兼并的受限使

---

① 李保江：《2013年世界烟草发展报告》，东方烟草网，2013年3月12日。

大部分烟草生产企业实行多元化发展，如红塔集团就不断进入烟草配套加工业、房地产业、酒店业和金融业等，但投资的大部分行业均为亏损状态。相反，以菲莫国际为例，其烟草业收入仅占总收入的20%，主要的利润为对啤酒、咖啡等的投资。原因在于国内的烟草集团缺乏投资理念和市场分析，在投资后又缺乏先进的管理经验，最重要的还是专业技术人才和管理人才匮乏，无法满足市场化运作的基本条件，而盲目求多的理念将浪费大量的国有资本。

垄断的存在和政府的支持使各烟草生产企业能够集中力量研究新产品，降低焦油含量，这也是《烟草控制框架公约》的要求。激烈的市场竞争和规模经济等加快了中国烟草业的研发进度，使其朝着国际化的方向不断迈进，在一定程度上也减少了烟草产生的负外部性。我国一直致力于降低焦油含量，并制定了严格的计划时间表。2003年国家烟草专卖局姜成康局长提出"将大力推进'降焦减害'作为今后烟草业工作的重点"，同年4月举办的全国烟草行业"降焦减害"工作会议又进一步明确了发展方向，努力把握"一高两低"（高香气、低焦油、低危害）关键技术。同年11月签署的《烟草控制框架公约》则要求中国在2005年生产卷烟的平均焦油含量降低到12毫克/支左右。因此，中国将发展中式低焦油烤烟型卷烟作为主要任务，努力开发保健型和新混合型卷烟，重视烟叶种植、初加工技术、烟用香精香料以及应用造纸法生产烟草薄片和膨胀烟丝技术的研发和推广，并不断进行烟气药理学和毒理学的研究。2010年3月16日，国家烟草专卖局《关于调整卷烟盒标焦油最高限量的通知》要求2011年1月1日以后生产的卷烟产品，卷烟焦油含量在12毫克/支以上的不得在境内市场销售，通过国家行政力量督促烟草业重视技术进步，降低对人体的损害。近年来我国也出现了一些低焦油卷烟新秀，如上海卷烟厂生产的焦油含量为8毫克/支的"红双喜"和白沙集团推出的焦油含量为10毫克/支的"和"系列香烟。有机烟草也开始进入人们的视野，这是由于我国出口的部分烟草制品被检测出含有转基因的烟叶，遭到很多国家的拒绝，这就刺激了有机烟草的种植和生产，其中红塔集团推出的"庄园"成为我国的第一包有机烟，但其昂贵的价格也让烟民望而却步。尽管如此，焦油含量的降低也会对香烟的品质产生影响，因为一般焦油含量越高，香烟的口味就越醇，香气越饱满，这就需要处理好降焦和留香之间的关系，且中国烟民偏好烤烟型香烟，而不是国外流行的混合型卷烟。因此，国家烟草专卖局提出了"中式卷烟"的概念，希望寻求降焦和留香之间的平衡点，为烟草生产企业指明了方向，也对烟草企业提出了更高的要求。

总之，中国烟草业的发展时间相对于发达国家来说并不长，该产业的特殊性也决定了市场自由发展的困难性和国家干预的必要性。通过对我国烟草业市场结构和市场行为的研究，可以发现其中存在的很多问题，希望在今后的发展中予以完善。

第六节 本章小结

首先，介绍了控烟背景下的国际烟草市场情况，详细讨论了四大跨国烟草巨头和两大跨国烟叶公司，分析了中国烟草业发展和规制的外部因素。其次，分析了中国烟草的发展现状，主要介绍了烟草生产和运营情况以及烟草的流通特点和模式等。同时，讨论了中国烟草在适种面积和品种上的优势，指出我国虽然拥有巨大的卷烟产销量和全世界最多的烟民，但也存在烟草质量普遍不高、国际市场竞争力较弱、生产及流通均缺乏激励、研发创新不足和人力资源匮乏等问题，最严重的还是走私烟和假烟问题。再次，论述了中国烟草业面临的国际压力和规制要求，以加入 WTO 和《烟草控制框架公约》为重点。最后，利用 SC 范式分析了中国烟草的产业特征，发现其市场集中度较低，具有严格的进入和退出壁垒，还实行许可证制度，产品种类繁多且以品牌取胜，并具有税收效应，而对应的市场行为主要是垄断、收购兼并、变相广告和努力研发等。因此，中国烟草业应该认识到自身具备的优势和存在的不足，在应对《烟草控制框架公约》规制的同时，进一步完善烟草生产和流通的相关法律措施，利用既有的巨大生产潜力和市场需求来获得国际竞争中的有利地位，并不断弥补自身存在的不足，努力打造一个具有世界影响力的跨国烟草公司。

第四章　中国烟草业规制的原因、
措施与演进

中国通过烟草专卖制度始终对烟草业实行严格规制，这引发了国内外的广泛争论。但学者们往往忽略了一些重要问题，即究竟是什么原因决定了国家必须规制烟草业，以及我国烟草业规制的具体措施与演进到底是怎样的。本章主要讨论中国烟草业规制的原因、措施与演进，并借鉴美国、日本的烟草业规制经验。

第一节　中国烟草业规制的原因

一　烟草具有负外部性

我国对烟草业进行规制的最重要原因是烟草对人体具有危害性，而且会造成环境污染，即烟草具有负外部性。所谓外部性，是指一个经济主体的行动或决策使其他人受益或受损，却不用支付费用或承担成本，即产生了非市场化的影响，负外部性则属于后者。烟草的负外部性见图 4-1。

由此可知，烟草供给产生的负外部性会带来新增成本，并完全由政府和社会承担，因而通常采用征税的方式来支付其负外部性导致的社会成本上升。

首先，烟草对人体具有严重的危害性，尤其会损害心、肺等器官，并能使人上瘾而对其产生依赖。烟草已经成为导致人类死亡的

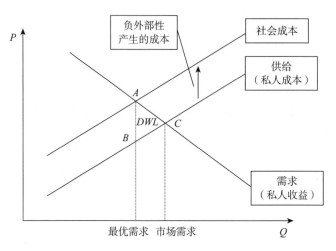

图 4 - 1 烟草的负外部性

第二大原因，据统计，世界人口中每年有 500 多万人死于吸烟或由吸烟引起的疾病、火灾等，这就是烟草消费产生的负外部性，也是《烟草控制框架公约》控烟的根本原因。伴随烟草相关疾病而来的是烟民的医疗费用支出，以及国家对相关医疗设备和疾病研究的投入，这不仅增加了个人和国家的负担，使因病返贫的现象层出不穷，而且烟草相关疾病以癌症居多，治愈率普遍较低，其结果基本上是无谓的投入和病人在痛苦中死去。此外，我国对青少年吸烟的规制并不严格，导致部分人在很小的时候就接触香烟，不仅不利于其身体发育，而且长期与香烟为伴也会提高患病概率。香烟消费具有明显的城乡差异，农村吸烟人数较多，约占总吸烟人数的 2/3，且日均吸烟量超过了城市烟民，随着烟民收入的增加，吸烟档次也在不断上升。因此，我国农村已成为烟草重灾区，落后的医疗条件和救火设备使烟草产生的影响更为严重，"二手烟"问题则一直被忽略。当然，农村烟草市场蕴含巨大的潜力，已经开始引起国内外烟草企业的关注。人们往往只关注利益，而忽略对负外部性的控制，这需要引起我国各级政府和社会团体的高度重视。

其次，烟草生产和消费会对环境造成污染。虽然烟草业不断改进生产工艺，但"三废"（废气、废水、废渣）的排放是不可避免的，这一问题可以通过庇古税或科斯产权理论等环境规制手段来解决。相关学者的研究均说明环境规制对大企业的影响较小，反而会成为新进入企业的进入壁垒而有利于在位企业，并激励企业加大研发投入和进行技术创新，因而完全适用于对我国烟草业的规制。我国烟草专卖制度规定的生产许可证就是后者的代表，并一直对烟草生产征税，因而属于二者的综合运用。烟草燃烧也会产生空气污染，而我国的消费税不完善，并没有对其进行有效规制，税收的增加也不明显。烟草最严重的一个负外部性表现为对非烟民的身体造成损害，即"二手烟"问题。尤其是对孕妇、儿童及老人等弱势群体而言，要远离"二手烟"的危害，可谓难度相当大。这是我国烟民的素质偏低，以及公共场所禁烟措施不完善所致，应该通过公共场合的相关禁烟措施进行治理，正如《烟草控制框架公约》所要求的，必须严格落实以确保"二手烟"的危害能够消除。值得庆幸的是，2013 年以来我国已出台多项公共场所禁烟措施，其中以政府事业单位的规定最为严格，已取得了显著成效，并将不断推进直到"二手烟"问题彻底解决。但广大农村地区的"二手烟"问题依然没有起色，需要文化观念和制度的双重保障。此外，我国推出了"寓禁于征"的方式，希望通过向国家缴纳高额税收来限制生产和销售，通过征收高额消费税来限制需求以达到禁烟的目的，然而制定的标准却远低于发达国家水平。烟草制品属于价格弹性极低的商品，郝冬梅和王秀清（2003）通过计算得到中国烟草业的价格弹性为 -0.272，本书的计算结果为 -0.71，因而不完善的烟草税所产生的控烟效果并不明显，反而降低了烟草企业的生产积极性。

最后，烟草消费将带来巨大的社会成本，并对经济产生影响。根据我国疾病控制中心等部门发布的《控烟与中国未来——中外专家中国烟草使用与烟草控制联合评估报告》，2010 年因烟草消费产生的成本为 620 亿元，并呈现逐年递增的态势。除了带来净损失外，烟草对经济的影响主要表现在以下两个方面：一方面，烟草带来的疾病将导致对相关医护人员和医疗设备的需求增加，要求国家对医疗业和社会保障投入更多的资本和精力，这在一定程度上影响了经济结构；另一方面，烟草消费带来的身体不适导致请假和旷工增多，过早死亡现象频发。据该报告估计，我国每年约有 120 万人死于吸烟导致的相关疾病，其中以农村人口居多。由此可知，烟草消费降低了有效劳动力的供给，产生了大量的社会生产力净损失。根据陶明（2005）的研究，2010 年，中国吸烟造成的社会生产力损失约为1706.52 亿元。[①]

二 烟草批发市场混乱

商品批发是沟通生产和零售的桥梁，批发市场的状况直接决定着生产能否顺利过渡到销售，且批发商一直担任着"领头羊"的角色。但在我国的烟草市场上，批发商一直具有价格控制权且获取了绝大部分利润，反而成为压榨零售商的"罪魁祸首"。除正常的卷烟生产—批发—零售模式外，还存在自由批发市场，扰乱了市场秩序，因而成为国家重点规制的对象。所谓烟草自由批发市场，实际上就是非法卷烟的集散地，其形成的原因主要是对消费者需求的估计不准确以及缺乏全面有效的流通渠道。在所有零售商全部采购完毕后，三级批发商（最末级）往往会剩下许多卷烟，这是因为我国长期实行"套烟制"，它要求烟草三级批发商按照二级批发商事先公布的数据（包括卷烟品牌和价格）确定自己的采购量，而不是完全以当地市场需求为采购依据。而且"坐商"模式决定了三级批发商不会去推销卷烟，再加上缺乏健全的卷烟流通渠道和营销网络，这就让烟贩有机可乘，他们在回收剩余卷烟后将其全部投入自由批发市场

---

① 陶明：《专卖体制下的中国烟草业：理论、问题与制度变革》，学林出版社，2005，第97页。

进行销售。当然还存在更直接的途径，即部分负责人或经营单位将大量卷烟卖到自由批发市场，以大规模倒卖来获利。错综复杂的利益关系使自由批发市场受到地方政府以及有关执法部门的保护，它提供的卷烟具有种类全、价格低和数量足的特点，反而更受烟草零售商的欢迎，部分零售商甚至只到这里采购，结果促进了自由批发市场的繁荣。此外，在改革开放初期，建立卷烟自由批发市场被认为是发展市场经济，导致一部分卷烟自由批发市场由零售商自发地组织构建，另一部分则是地方政府支持建设的，部分地区还通过税收减免等方式来吸引自由批发市场。

卷烟自由批发市场的繁荣虽然给烟草零售商带来了实惠，特别是满足了中小零售商和偏远地区零售商的需求，并以一次性税收和租赁管理费等形式对地方财政做出了贡献，但扰乱了卷烟的正常交易，给中央财政带来了巨大损失，还成为走私烟和假烟的聚集地，而且发展迅速，到1993年已经壮大到359个，严重影响了烟草专卖局（公司）的正常经营，对国家专卖体制也造成了一定冲击。国家开始意识到问题的严重性，1993年4月28日国家烟草专卖局出台的《关于建立卷烟批发市场有关问题的意见》规定，"全国性的主管卷烟批发市场只建一个，由国家烟草专卖局报请国务院有关主管部门批准后设立。卷烟工业企业较多、产销量较大的省（自治区、直辖市），经省级烟草专卖局报经国家烟草专卖局批准，可以试办省级性的批发市场。省级烟草专卖局在报送书面申请时，应附说明、可行性研究报告、初步方案、交易规则、章程等有关材料。参加全国性卷烟批发市场的工商企业为国家批准的卷烟厂、雪茄烟厂（不含地方烟厂）和由国家烟草专卖局核发烟草专卖批发企业许可证的企业。参加省级性卷烟批发市场的工商企业为本省经国家批准的卷烟厂、雪茄烟厂和本省由国家烟草专卖局及省级烟草专卖局核发烟草专卖批发企业许可证的企业。为维护卷烟批发市场的正常秩序，保护合法经营，参加交易的购销双方，应签订规范的购销合同，并经市场管理机构监章"。① 国家烟草专卖局还进一步完善了卷烟营销网络，加大了对非法卷烟和非法渠道的打击力度，希望为批发商和零售商营造一个健康稳定的烟草制品流通环境。自 1993 年起，国务院开始对自由批发市场进行整治，考虑到地方保护主义和复杂的利益关系，除了少部分被转变为由官方控制的半合法批发市场外，其余已全部关闭。由此可知，烟草制品批发市场的混乱是对市场经济的误解和个人利益驱动的共同结果，这也说明国家流通规制的重要性。日本等发达国家对批发市场也是实行国家垄断，以保证其稳定健康地发展，从而实现产供销一体化。对于烟草制品而言，通过对批发市场进行规制能够有效调控其批发价格和相关税收，能够协调批发商和零售商的利益，满足烟民的需求，并实现"价税财联动"。

三 烟叶的盲目种植与收购问题

烟叶属于烟草生产的原材料，处于整个流程的上游。我国以种植烤烟为主，其种植面积和收购数量均受到规制，由烟草公司或其委托单位决定，具体以国家"双控"政策为代表。收购价则通常由国家烟草专卖局和国家发改委制定，2013 年每 50 公斤烤烟收购价格分别为一价区 1005 元（云南省玉溪市、昆明市和红河州）、二价区 1000 元、三价区 950 元和四价区 900 元。相比 2002 年的情况，烤烟收购价格上调了 3 倍多。烟草生产企业并不参与其中，完全由各地烟草专卖局（公司）作为中间人提供烟叶，导致烟叶市场的买家与卖家都不能根据不同情况来调整自己的决策，形成完全由中间人控制的原材料垄断市场。

为了保证粮食安全和减少烟草供给，烟叶种植环节受到国家的完全规制，并通过"双控"政策等来缩小烟叶种植面积，但收效甚

---

① 国家烟草专卖局：《关于建立卷烟批发市场有关问题的意见》（国烟法〔1993〕第 11号），1993 年 4 月 28 日。

微。烟农仅能通过劳动获得收入，但烟叶相比其他农作物而言，具有高收入性、稳定性等特点，因而即使烟农在烟叶市场中属于弱势群体，烟叶也一直是农户增收的重要经济作物。通过成本收益的权衡，理性的农户会选择最大限度地种植烤烟，这就成为烟叶盲目种植的一个重要原因。此外，烟叶税的存在，对地方财政收入的贡献较大，部分地区还产生了税收依赖，在税收依赖不太严重的情况下，有的地方政府会默许烟农的盲目种植行为，使烟叶种植面积呈现波动变化（见图4-2、图4-3）。

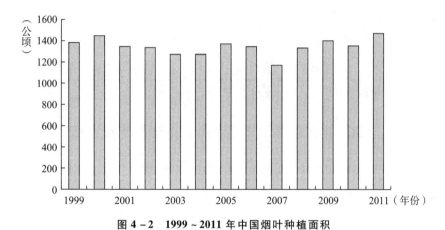

图 4 - 2　1999 ~ 2011 年中国烟叶种植面积

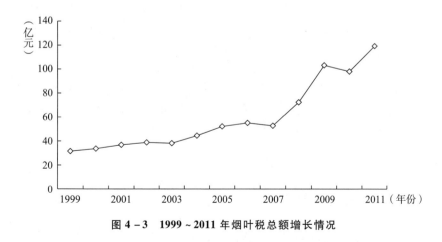

图 4 - 3　1999 ~ 2011 年烟叶税总额增长情况

由此可见，烟叶种植面积的波动伴随的是烟叶税的迅速增长，主要表现为烟叶产量和税率的提高，成为地方财政的重要贡献力量。国家的烟叶规制是必需的，但应该进行修正以实现最有效的市场调控。

对于烟叶收购环节，如果不进行规制，将形成自由贸易市场，但由于市场的缺陷和烟叶的特性，烟叶市场将呈现小、乱、差等局面，烟草工业企业将无法获得保质保量的原材料。此外，自由市场将允许国外资本进入，而控制了原材料供应就控制了整个中国烟草业。因此，烟叶收购是按照合同进行的，由烟草公司全权负责。但是烟草公司的独断专营又会产生寻租、道德风险和逆向选择等问题，且受利益的驱使，烟叶套利和黑市交易屡见不鲜。这就说明烟叶规制还需要进一步完善，可以设置一个专门的监管部门，在确保烟叶合法合理收购的同时，还能对烟草专卖局（公司）进行监督。

四　烟草业存在极强的市场势力，并造成了社会福利净损失

国家专卖制度使中国烟草业的要素市场出现了完全的买方垄断，烟农仅仅作为价格接受者。而在产品市场中，所有的烟草加工企业均为国企，以三大烟草力量为代表，依旧为国家专卖，烟民作为消费者属于价格接受者。因此，烟草业具有强大的市场势力，再加上烟草制品具有高税收、高利润、上瘾性、负外部性等特征，对其市场势力的研究就显得十分重要。目前国内外最常用的方法是新实证产业组织理论（NEIO）和原始 – 对偶索洛残差法（Primal – Dual SR），由于我国的特殊国情，单独运用两种方法都存在问题，因此本书综合运用两种方法对烟草业（加工业）的市场势力进行深入研究。

（一）理论与模型

经济学认为市场势力（Market Power）是生产者（厂商）对市场的控制力，根据产业组织理论可以将其定义为产品价格高于成本

（成本增加量或边际成本）的能力，即（$P - MC$）$/P$。Brandow（1969）将市场势力定义为厂商对其他市场参与者的影响或对价格、推广促销等变量影响的能力，SCP 范式则认为市场集中度对利润率是否有正面影响可以作为是否存在市场势力的证据。衡量市场势力的方法主要是需求价格弹性估计法、勒纳指数估计法和需求交叉弹性估计法，根据烟草业的特性，本书选择需求弹性和勒纳指数作为测度指标来进行研究。

根据 Roeger（1995）、Raper（2007）和戴家武等（2011）的研究，定义生产函数 $y = A\, e^{\gamma} f\,(x_K,\ x_L,\ x_M)$ 和勒纳指数 $\beta^{mp} = (P - MC)/P$，其中 y 为烟草产量，x_K 为烟草企业的固定资本净值，x_L 为员工人数，x_M 为中间品烟叶的产量，γ 为希克斯中性技术进步率，A 为生产率冲击，P 为卷烟的销售均价。通过推导可得索洛残差（Solow Residual）为：

$$SR = d\ln\left(\frac{y}{x_K}\right) - a\ln\left(\frac{x_L}{x_K}\right) - b\ln\left(\frac{x_M}{x_K}\right)$$

$$SR = \beta^{mp}\frac{\dot{y}}{y} + (1 - \beta^{mp}) + \frac{\dot{A}}{A} + \dot{\gamma}$$

定义 $C = A^{-1}e^{-g}G\,(r_K,\ r_L,\ r_M)$，其中 C 为烟草企业的总成本，r_K 为资本的价格（利率），r_L 为劳动力价格（工资），r_M 为中间品（烟叶）的价格，通过推导得到原始索洛残差（Primal Solow Residual）为：

$$SRP = ad\ln\left(\frac{r_L}{r_K}\right) + b\ln\left(\frac{r_M}{r_K}\right) - d\ln\left(\frac{P}{r_K}\right)$$

$$SRP = -\beta^{mp}\frac{\dot{P}}{P} + (1 - \beta^{mp}) + \frac{\dot{A}}{A} + \dot{\gamma}$$

从而可以得到：

$$SR - SRP = \beta^{mp}\left[d\ln\left(\frac{y}{x_K}\right) + d\ln\left(\frac{P}{r_K}\right)\right]$$

如果烟叶收购市场存在买方垄断，则设 $\beta^{ms} = (VMP - r_M)/r_M$，得到：

$$SR - SRP = \beta^{ms}/(1 + \beta^{ms})\left[dln\left(\frac{y}{x_K}\right) + dln\left(\frac{P}{r_K}\right)\right]$$

$$- a \cdot \beta^{ms}/(1 + \beta^{ms})\left[dln\left(\frac{x_L}{x_K}\right) + dln\left(\frac{P}{r_K}\right)\right]$$

因此可以得到：

$$SR - SRP = b_1\left[dln\left(\frac{y}{x_K}\right) + dln\left(\frac{P}{r_K}\right)\right] + b_2 \cdot a\left[dln\left(\frac{x_L}{x_K}\right) + dln\left(\frac{r_L}{r_K}\right)\right] + \varepsilon$$

当产品市场和要素市场均为完全竞争时，$b_1 = b_2 = 0$；只存在卖方垄断时，$b_2 = 0$；在要素 X_n 市场存在买方垄断而其他要素市场和产品市场为完全竞争时，$b_1 = -b_2$。对于要素市场而言，由于我国烟叶由烟草专卖局统一收购，烟草加工企业在要素市场上也不具有垄断力量，烟农作为卖方只是价格接受者而没有垄断力量；对于产品市场而言，我国实行烟草专卖制度，消费者仅为价格接受者，再加上烟草具有上瘾性等特点，使其具有较低的价格弹性，成为烟民的必需品。因此，仅能选择该模型中在产品市场存在卖方垄断的情形，即使用 β^{mp} 模型测算烟草业在产品市场的市场势力。而且该模型并没有研究烟草制品的需求弹性，而是通过价格和福利损失情况来分析市场势力，本书继续使用 NEIO 法来研究并与之进行对比。

根据 Appelbaum（1982）、Bresnahan（1987）和 Schroeter（1988）的研究，通过 $lny = a - \mu ln\left(\frac{P}{1 + \pi}\right) + \rho ln\left(\frac{GDP}{1 + \pi}\right)$（其中 GDP 为国内生产总值，$\pi$ 为通货膨胀率）可以估算出需求弹性 μ，利用 Cowling 和 Mueller（1978）提出的最高限估计方法，可以推导出净损失 $DWL = \frac{1}{2}\left(\frac{1}{\mu}\right)P_n \cdot Q_n$。这时，也可以采用 NEIO 法测算勒纳指数，先根据

$P(1 - \theta_i\mu) = d\left(\dfrac{C_i}{y_i}\right)$（其中 θ_i 为单个烟草企业产量变动的推测弹性，y_i 表示单个企业的产量），加总后为 $P(1 - \theta\mu) = d\left(\dfrac{C}{y}\right)$，测算出 θ 后，根据 $\beta^{mp} = \theta/\mu$ 可以测算出勒纳指数。由于其关于需求函数设定的主观性以及所有厂商需求弹性一致性等假设，通过我国数据得出的勒纳指数接近 1，这也是笔者选择原始 - 对偶索洛残差法测算勒纳指数的原因。

综上所述，本书综合 NEIO 法和 SRP 法来测算烟草业的市场势力及需求弹性，相关假设为：①烟草业在产品市场只存在卖方垄断（专卖），厂商具有操纵市场价格形成垄断利润的能力；②烟草制品需求价格是缺乏弹性的，通过消费税手段进行调控效果不明显。

（二）结果与讨论

本书的数据主要是 1999～2011 年烟草业的相关数据，我国于 1999 年开始实行"双控"政策并调整了烟草的相关税率，数据来源于《中国烟草年鉴》《中国统计年鉴》《中国劳动统计年鉴》《全国农产品成本收益资料汇编》《中国烟草行业分析报告》《中国产业发展报告》以及实际调研资料和各烟草网站等。根据公式 $CR_n = \sum_{i=1}^{n} X_i / \sum_{i=1}^{N} X_i$，烟草业的市场集中度 CR_4 由 2000 年的 17.75% 上升到 2010 年的 34.99%，虽然已经朝着规模化和集聚化方向发展，但是按照贝恩的分类依旧不属于极高垄断行业（CR_4 在 75% 及以上的属于极高寡占型，CR_4 为 30%～35% 的属于低集中度寡占型，CR_4 在 30% 以下的属于原子型），而美国前三家烟草企业的市场占有率就达到 90% 以上。然而，中国的烟草业存在极强的市场势力，这与我国的烟草专卖制度及地方割据的烟草市场有关，也是需要测度的主要内容。

整理相关数据并进行价格平减后回归，模型拟合效果较好，不存在显著的自相关。通过原始 – 对偶索洛残差法进行测度，结果见表 4 – 1。

表 4 – 1　相关系数估计结果

系数	估计值	S. E.	t 值	调整后的 R^2
b_1	1.00 **	0.33	3.00	0.97
b_2	– 1.54 ***	0.07	– 21.32	
假设 $b_1 = b_2 = 0$		F 统计量 227.31		P 值 0.0000
假设 $b_2 = 0$		F 统计量 454.44		P 值 0.0000
假设 $b_1 = - b_2$		F 统计量 2.67		P 值 0.1335
D – W 统计量				1.82

注：*** 表示 1% 的显著水平；** 表示 5% 的显著水平。

对比 Raper（2007）的研究结果（$b_1 = 1.0663$，$b_2 = - 1.4822$）可知情形相似，然而他的研究中 $b_1 = - b_2$ 为拒绝原假设，因此验证了 Primal – Dual SR 法并不适用于中国的要素市场研究，从而无法测算出 β^{ms}。

由表 4 – 2 可知，我国烟草加工业的勒纳指数为 0.77，卖方市场力量的价格大概为成本的 4.5 倍。郝冬梅和王秀清（2003）通过 NEIO 法测度的指数接近 1，这一方面说明 1999 年以前的市场势力较强，另一方面说明新实证产业组织法在测度中国特殊的烟草业市场时还需要予以调整和完善。戴家武等（2011）的研究也受到不同历史时期与统计年鉴数据的影响而产生了较大的指数，并得出买方市场能使价格高于成本 6 倍多，这样烟民会选择相对便宜的国产烟或国外烟，通过"用脚投票"踢出高价格的烟草企业。因此，我国烟草加工业市场势力相当于美国 20 世纪 80 ~ 90 年代的程度，这与我国的发展水平及规模化程度相关，并且产品差异化和地区内的竞争较激烈，再加上国际烟草品牌在我国加入 WTO 后不断涌入，这些都冲击了国内卖方市场的控制力。

表 4 - 2　产品市场中的勒纳指数

相关研究	β^{mp}	t 值	调整后的 R^2
Roeger（1995）——美国：1953 ~ 1984 年	0.64	23.05	0.95
Raper（2007）——美国：1977 ~ 1993 年	0.51	4.17	0.73
戴家武等（2011）——中国：1985 ~ 2007 年	0.86	26.93	0.97
本书	0.77***	11.65	0.92

注：*** 表示 1% 的显著水平。

通过回归计算出烟草的需求弹性为 - 0.71（S. E. = 0.10，t = - 6.84，调整后的 R^2 = 0.80，1% 的显著水平），这说明烟草市场是缺乏价格弹性的，然而并不是极度缺乏。这与郝冬梅和王秀清（2003）的计算结果（- 0.272）不同，原因是所选用的数据存在差异以及近年来我国烟草市场产品呈现多样化。根据相关学者的研究，卷烟产品需求的价格弹性为 - 0.75 ~ - 0.2，Becker 和 Murphy（1998）通过研究得出短期内如果卷烟价格上升 10% 会使消费量减少 4%，长期时如果卷烟价格上升 10% 会使消费量减少 7.5%。因此，卷烟具有上瘾性等特点，通过增加消费税等价格手段调控效果不明显。

如果采用 NEIO 法测算推测弹性和勒纳指数，其结果为 $\theta = 0.62$（S. E. = 0.05，t = 11.74，调整后的 R^2 = 0.92，1% 的显著水平），根据公式 $\beta^{mp} = \theta/\mu$ 得出勒纳指数为 0.86，属于极高的市场势力。这是因为此方法对需求弹性的设定存在较强的主观因素，而中国烟草业实行专营专卖制度，决定了依赖于需求弹性的 NEIO 法容易测算出极强的市场势力，因此原始 - 对偶索洛残差法能更好地测算规模报酬不变时中国烟草业的市场势力。

此外，市场势力的存在将产生社会福利净损失。净损失（Dead Weight Loss，DWL）也叫无谓损失，最早由哈伯格于 1954 年提出，即著名的哈伯格三角形，并通过假定弹性 ε 为 1 的方法估计出 1924 ~ 1928 年美国制造业中 73 个行业的社会福利净损失仅占国民收入的 0.08%，其计算公式为：

$$DWL = \frac{1}{2}\left(\frac{P_m Q_m - CQ_m}{P_m Q_m}\right)^2 \varepsilon P_m Q_m$$

这就是最低限估计方法。施瓦茨曼（1960）利用此方法估计了 1954 年美国因垄断而产生的社会成本，结果发现垄断所产生的社会福利净损失仅占国民收入的 0.13%。最低限估计方法得到的净损失太低，受到了很多学者的批评。莱宾斯坦（1966）认为处于垄断地位的企业会产生低效率、浪费和冗员等问题，因此所造成的福利净损失应包括哈伯格三角形及下面的四边形，这就是 X 非效率理论。塔罗克（1967）在莱宾斯坦研究的基础上提出了寻租模型，即垄断厂商会发生官员行贿和游说议会等直接的非生产性寻利行为，认为其造成的社会成本应包括社会福利净损失和垄断利润，后者就是著名的塔罗克四边形。然而莱宾斯坦和塔罗克均未能提出测度损失的公式，使其理论难以量化。直到柯林和缪勒（1978）在总结前人研究的基础上提出了最高限估计方法，即 $DWL = \frac{1}{2}\left(\frac{P_m - C}{P_m}\right)P_m Q_m$，其中 $\left(\frac{P_m - C}{P_m}\right)$ 就是勒纳指数。因此，本书选用此方法进行估计，利用勒纳指数和相关数据可以得到中国烟草业的社会福利净损失（见表 4-3、图 4-4）。

表 4-3　利用最高限估计方法计算的净损失

单位：亿元

指标	1999年	2000年	2001年	2002年	2003年	2004年	2005年	2006年	2007年	2008年	2009年	2010年	2011年
净损失	876	903	1190	1344	1475	1683	1883	2104	2448	2775	3312	3702	4159

由此可知，需求价格弹性较低和烟草业的垄断性特征使烟草企业在获得垄断利润的同时造成了巨大的社会福利净损失，且净损失呈逐年迅猛增长的态势，2011 年的净损失几乎是 1999 年的 5 倍，因此对垄断行为的规制就显得十分必要。

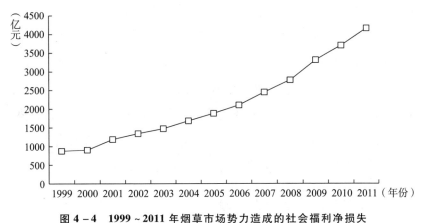

图 4 - 4　1999 ~ 2011 年烟草市场势力造成的社会福利净损失

（三）总结

本书通过综合原始 - 对偶索洛残差法和新实证产业组织法，研究了中国烟草业的市场势力，得出其在产品市场具有极强的市场势力，表现为卖方垄断，并造成了巨大的社会福利净损失。由于 NEIO 法并未涉及要素市场，而 Primal - Dual SR 法测算时买方为烟草加工企业并不符合我国国情，因此本书没有测算要素市场即烟叶收购市场的市场势力，这是今后研究的重点和难点。此外，采用 Primal - Dual SR 法测算的市场势力仅为规模报酬不变的情形，这也是今后需要加以完善的。通过 NEIO 法测算出的烟草制品需求价格弹性说明采用经济手段如消费税等并不能很好地降低烟草需求以达到控烟的目的，并且带来了巨大的净损失，因此应通过法律行政手段来规范烟草制品的流通与消费，有效控制其带来的负外部性并进行补偿以实现卡尔多改进。通过 Primal - Dual SR 法测算出的勒纳指数说明我国烟草企业对市场具有绝对垄断力量，国家也需要对其进行规制，尤其要针对垄断定价牟取暴利的行为，以弥补市场经济固有的缺陷，实现"有形的手"和"无形的手"的有机结合。

总之，利用 10 多年的数据对中国烟草业市场势力的研究符合我国的实际情况，验证了烟草业在产品市场存在极强的卖方垄断市场势力且需求价格弹性较低，然而也呈现市场集中度偏低的特点，这与我国存在的地方保护主义现象有关。因此，我国烟草业在规范公平竞争和合理定价的同时还面临做大做强的要求，特别是我国在加入 WTO 和签署《烟草控制框架公约》后，更应该在规制市场势力、重视健康及抑制负外部性的同时加大研发力度，形成规模经济和范围经济，树立国际化的发展目标，实现烟草业的可持续发展。

五　政府对烟草业严重依赖

烟草业具有高税收的特点，一直是国家和地方政府的税收大户，在财政收入中的比重越来越高，占国家财政收入的 10% 以上。在地方更加明显，以云南省为例，烟草税一般占到地方财政收入的 70% 以上，这表现为烟草业的税收效应。我国从 1994 年开始将产品税改为增值税和消费税，后者属于"高价高率"的累进税。但是增值税和消费税均在生产环节征收，且消费税归中央，再由中央划拨一部分以支持地方发展。除了烟叶税完全归地方所有外，重点就落在了增值税的分享上，因为地方财政可以获得 20%。基于自身利益会促使地方政府极力支持烟草生产，从而形成"税由中央定，量由地方定"的现象，并造成了"强者趋弱"及"劣不汰"等问题。虽然我国在烟草生产环节制定了高额税率，但是缺乏在消费环节征收的消费税，且目前的设置严重不合理。通过对烟草制品征税，一方面可以达到控烟的目的，另一方面也为国家财政积累了资金。这样就使国家尤其是地方政府对其进行严格控制，以保证财政收入的稳定，如果放开规制会使这一部分税收大大减少甚至消失，对目前的经济发展将产生不利影响。这就是烟草制品的税收效应，能够给政府带来巨大的收益，而对既得利益的保护将成为烟草税改革的阻碍，尤其是一直备受争议的消费税，将成为地方政府争夺的焦点。

第二节　中国烟草业规制的相关措施

一　我国对烟草业生产领域实施的规制措施

对烟草业生产领域的规制属于国家烟草专卖制度的核心，涵盖了从原材料烟叶种植到烟草制品生产加工的全过程。在烟叶种植与收购环节，以"双控"政策（控制种植面积和收购数量）为代表，表现为对各环节的严格控制。《中华人民共和国烟草专卖法》第九条规定："烟草公司或者其委托单位应当与烟叶种植者签订烟叶收购合同。烟叶收购合同应当约定烟叶种植面积。烟叶收购价格由国务院物价主管部门会同国务院烟草专卖主管部门按照公等定价的原则制定。"第十条规定："烟叶由烟草公司或者其委托单位按照国家规定的收购标准、价格统一收购，其他单位和个人不得收购。"由此可知，烟叶的种植面积和收购数量及价格均由烟草专卖局（公司）或其委托单位决定，烟农仅具有种植的权利。我国以种植烤烟为主，从1998年开始，国家在《中华人民共和国烟草专卖法》的基础上对烤烟生产政策进行了重大调整，实行"双控"政策，严格控制烤烟的种植面积和收购数量。到1999年，国家又对烤烟税收和价格政策进行了调整，烤烟农特税从原来的31%下调至20%，取消了省州优质烟补贴，将全国分为一、二、三价区，并降低了收购价，即"双降"政策（降低收购价、降低税率）。该规制政策旨在控制烤烟种植面积的快速增长，促进其朝着集约化、高质量化的方向发展，并在一定程度上保证粮食产量，从而保证粮食安全。

进入烟草生产环节，首先，需要取得国家的生产许可证，即实行许可证制度。《中华人民共和国烟草专卖法》第十二条规定："开办烟草制品生产企业，必须经国务院烟草专卖行政主管部门批准，取得烟草专卖生产企业许可证，并经工商行政管理部门核准登记；

其分立、合并、撤销，必须经国务院烟草专卖行政主管部门批准，并向工商行政管理部门办理变更、注销登记手续。"其次，烟草生产企业受到国家的严格控制，烟草生产企业属于国有企业，不具备自主决策能力。《中华人民共和国烟草专卖法》第十三条规定："烟草制品生产企业为扩大生产能力进行基本建设或者技术改造，必须经国务院烟草专卖行政主管部门批准。"最后，烟草生产在计划经济模式下运营，产量由相关部门决定。《中华人民共和国烟草专卖法》第十四条规定："省、自治区、直辖市的卷烟、雪茄烟年度总产量计划由国务院计划部门下达。烟草制品生产企业的卷烟、雪茄烟年度总产量计划，由省级烟草专卖行政主管部门根据国务院计划部门下达的计划，结合市场销售情况下达，地方人民政府不得向烟草制品生产企业下达超产任务。"同时，还规定"全国烟草总公司根据国务院计划部门下达的年度总产量计划向省级烟草公司下达分等级、分种类的卷烟产量指标。省级烟草公司根据全国烟草总公司下达的分等级、分种类的卷烟产量指标，结合市场销售情况，向烟草制品生产企业下达分等级、分种类的卷烟产量指标"。① 因此，烟草生产企业受到国家和烟草专卖局（公司）的层层规制，按计划进行生产，难以根据市场的变化进行相机抉择。

中国对烟草生产的严格规制，使国际烟草巨头无法进入，这在一定程度上保证了我国烟草生产的独立性。但随着我国对外开放的不断深化，国外烟草集团要求进入烟草生产领域的压力越来越大，并将目光重点投向烟草流通领域，试图控制中国烟草市场。我国可以坚持烟叶种植与收购的严格规制，适当允许外资进入生产领域，但必须保证国家的绝对控股，努力打造属于自己的国际烟草集团。

---

① 《中华人民共和国烟草专卖法》，1991 年 6 月 29 日，主席令 46 号发布。

二　我国对烟草业流通领域实施的规制措施

流通不仅仅指物流，它还实现了价值增值，是商流、物流、信息流和资金流的总称。烟草流通同样需要涵盖每个方面，摆脱"重生产轻流通"的陈旧观念的束缚，打造"流通国家队"，构建规模化、现代化、专业化的流通模式。我国的烟草流通主要经历了六个阶段。①引进阶段。从国外引进先进的烟草物流经验、技术和设备，具有代表性的是我国最大规模和自动化程度最高的上海海烟物流中心，是由瑞士 Swisslog 公司承建的。②合作阶段。采取国内集成的方式，以深圳烟草物流配送中心集成国外的堆垛机和件烟高速分拣系统等为代表。③模仿阶段。如湖南白沙集团吸取国外的先进经验，配备高架立体仓库和使用件烟自动补货技术。④自主阶段。以自主创新为主，努力打造属于自己的高效率全自动分拣系统，但其设计和实际运行还与国际先进水平存在很大的差距。⑤实用阶段。烟草流通重新回到手工加机械的时期，以简单实用为主。⑥优化阶段。在此阶段，烟草流通已经从人工搬运和自然堆放等方式发展到高架立体仓库的使用，由手工加机械的电子标签拣选系统转变为自动分拣和自动包装技术。同时，烟草流通业开始邀请专业咨询公司分析其行业建设、市场定位和总体目标设定等内容，国家烟草专卖局的严格审批则有效规范了烟草流通系统的建设。① 经过 20 多年的努力发展，我国已实现了电话订货及配送模式，由烟草商业企业将卷烟配送给电话订货的零售商，因而其肩负着给全国 450 万零售商配送卷烟的艰巨任务。此外，我国加入 WTO 和签署《烟草控制框架公约》后，更加激烈的市场竞争和严格的规制措施对烟草流通以及流通规制提出了新要求。

---

① 中国物流技术协会信息中心：《2013 年度烟草行业物流系统建设市场研究报告》，2013，第 14 页。

中国的烟草流通包括 33 家省级烟草专卖局和烟草公司、430 多个配送中心、99 个生产点、18 家中烟工业公司、约 60 家卷烟工业企业、1000 多家烟草商业企业，以及烟叶、卷烟销售、烟机、物资、进出口等全国性专业公司和其他一些企事业单位，拥有全行业职工 50 多万人。[①] 烟草流通规制属于国家专卖制度的一部分，国家专卖局和中国烟草总公司合二为一，体现了市场性和计划性的结合，实现了对烟草市场的专卖专营，在打击假冒伪劣产品的同时保护了国内企业，主要表现在以下几个方面。①许可证制度。《中华人民共和国烟草专卖法》第十二条规定："开办烟草制品生产企业，必须经国务院烟草专卖行政主管部门批准，取得烟草专卖生产企业许可证，并经工商行政管理部门核准登记；其分立、合并、撤销，必须经国务院烟草专卖行政主管部门批准，并向工商行政管理部门办理变更、注销登记手续。未取得烟草专卖生产企业许可证的，工商行政管理部门不得核准登记。"②严格的价格规制。《中华人民共和国烟草专卖法》第十七条规定："国务院烟草专卖行政主管部门会同国务院物价主管部门按卷烟等级选定部分牌号的卷烟作为代表品。代表品的价格由国务院物价主管部门会同国务院烟草专卖行政主管部门制定。卷烟的非代表品、雪茄烟和烟丝的价格由国务院根据烟草专卖行政主管部门或者由国务院烟草专卖行政主管部门授权省、自治区、直辖市烟草专卖行政主管部门制定，报国务院物价主管部门或者省、自治区、直辖市人民政府物价主管部门备案。"[②] 此外，我国还制定了管理烟草物流的许多政策和法规，《烟草专卖品流通环节管理制度》规定，"所有外购（销）烟草专卖品必须签订规范的购销合同；储运公司须在合同、准运证限定时间内按要求完成运输业务；仓库保管须按实物的数量、品名、规格等内容同购销合同（或调拨单、

---

① 中国物流技术协会信息中心：《2013 年度烟草行业物流系统建设市场研究报告》，2013，第 19 页。
② 《中华人民共和国烟草专卖法》，1991 年 6 月 29 日，主席令 46 号发布。

准运证申办单）、准运证进行认真核对，确认无误后方可办理入库手续等。它还要求所有调剂（同行拆借）的烟草专卖品，必须附有省中烟工业公司开具的调剂单和市级以上烟草专卖局开具的准运证"。①这些都表明对烟草制品购买、销售、运输和仓储等的严格管理，保证了国家对烟草流通的绝对控制。《烟草行业"十一五"期间卷烟物流配送中心建设意见》和《烟草行业现代物流建设近期工作要点》则明确了我国烟草物流配送中心的建设应该坚持"合理规划、统一标准、经济适用、综合配套"的原则，并以高度信息化和适度自动化为目标，采用先进、适用、成熟、经济的技术与装备，切记好大喜功和进行低水平重复建设。同时，这些文件规定将卷烟配送中心按照预测销售量分为三类，分别是大于 20 万箱、10 万～20 万箱和小于 10 万箱，还设定了建设标准和技术装备选择等。

国际跨国烟草公司则实行经营性垄断模式。在原材料市场，虽然有环球烟叶公司和联一国际公司，但四大跨国烟草公司均采取直接采购的模式，力求控制烟叶流通，导致与两家烟叶公司的交易量不断下降。如菲莫国际就直接与希腊政府签署协议，约定在 2013～2015 年对希腊香料烟的采购量比前三年增长 20%，并与西班牙农业部签署协议，约定 2013 年购买 33% 以上的西班牙烟叶且在未来两年持续增加采购量。②针对烟草制品市场，跨国烟草公司主要是构建全球网络化的烟草流通渠道，如菲莫国际已经通过物流网技术实现了消费网与客户网的连接，在世界范围内建立了完全现代化的烟草流通体系。为了加强对流通网络的控制，菲莫国际在 2013 年投资 7.5亿美元购买了俄罗斯最大烟草分销商大都会公司（Megapolis）20%的股份。③跨国烟草公司一直希望进入并控制中国的烟草流通市场，但国家烟草专卖制度成为巨大阻碍，因而不断通过政治游说

---

① 《烟草专卖品流通环节管理制度》，百度文库，2014 年 9 月 1 日，http://wenku. baidu. com。
② 李保江：《2013 年世界烟草发展报告》，东方烟草网，2013 年 3 月 12 日。
③ 李保江：《2013 年世界烟草发展报告》，东方烟草网，2013 年 3 月 12 日。

等方式向中国政府施加压力。当然主要是借助美国政府的力量，在亚洲已经迫使日本、韩国和中国台湾地区取消了烟草专卖体制，泰国则坚持保留专卖体制，但被迫同意进口美国烟草制品。因此，中国的烟草业改革必须立足国情，遵循渐进式改革和诱致性制度变迁，在坚决打假和提高烟草企业竞争力的同时，保证国内外烟草企业的公平竞争。

第三节　中国烟草业规制措施的演进

根据相关资料，烟草是在明朝（万历年间）传入我国的，据1940年中国实业国际贸易局出版的《烟草》记载，诸葛亮在率军南征时曾使用过某种香草来驱除瘴毒，而香草就是现在的烟叶。我国最早的烟草企业是1905年在香港成立的南洋烟草公司，它于1916年在上海设立卷烟厂并将公司搬到了上海发展，为后来上海烟草集团的成立奠定了坚实基础。我国最好的烟草品种——"云南一号"是由植物学家蔡希陶于1938年迁到云南期间试种美国"大金元"种子并经过多年培育而产生的。云南第一家卷烟厂于1942年在昆明成立，取名为昆明亚西亚烟厂，推出了一款"9·9"牌香烟，意为蔡锷武装起义的纪念日。最早的烟草专卖制度是在北洋政府时期的禁榷制度，烟草专卖的第一部正式法规则是国民党政府颁布的《战时烟类专卖暂行条例》，规定烟类专卖的范围为纸卷烟、雪茄烟、烤烟以及其他机制或仿机制的烟类和卷烟用纸。该条例确定了政府的烟草专卖权，还规定政府的规制政策仅针对"产制运销"这一种方式，其他仍然是民产、商运和商销。

新中国成立后，中国烟草业的发展历程大致以1982年中国烟草总公司成立为界限，在此之前主要分为以下几个阶段。①1949～1952年，从分散逐步向组织起来过渡时期。在这一时期，新中国通过转让承让和接收接管的方式收回了卷烟工业，没收了官僚资本，按照"利用、限制和改造"的政策对私营卷烟企业进行了改组合并，并实行国营和私营兼顾贸易自由政策，引进国外资本，壮大了国有资本的领导力量。我国在内蒙古和东北地区实行区域性专卖，对卷烟产品、盘纸、商标以及烟叶实行专卖管理，加强缉私工作，并取缔了手工卷烟。②1953～1957年，逐步实行集中统一管理时期。为了加强对地方国营和私营卷烟企业的领导，轻工业部于1953年成立烟酒工业局接管规模较大的18家卷烟厂，中央于1954年成立了地方工业部，并于1956年成立了食品工业部并接管了全部国营卷烟工业企业，完成了对私营烟厂的社会主义改造。③1958～1962年，机构精简、企业下放时期。在这一时期烟草业出现生产倒退和效益下降的情况，因此中央进行了机构精简，部分企业下放给省市，省市管理的企业也下放给地县。④1963～1966年，试办烟草托拉斯、实行供产合一的管理体制时期。这一时期实际上形成了不完全的全国性专卖体制，使烟草生产得到积极发展，产量和质量都有了较大提升。⑤1967～1977年，烟草生产混乱时期（"十年动乱"和拨乱反正）。在这一时期我国经历了"文化大革命"。1969年，烟草托拉斯受到批判并停办，中国烟草工业公司正式解体，卷烟企业和烟叶收购部门全部下放给地方，使烟草再次陷入分散管理的状态。整体情况是我国烟草发展基本停滞，生产十分混乱。⑥1978～1981年，烟草恢复时期。随着党的十一届三中全会的召开，我国恢复了对烟草的统一管理，开始全面清理整顿计划外卷烟厂，规定新建卷烟厂由轻工业部审批。①

　　1982～2001年是中国烟草业发展较快的时期，自1982年成立中国烟草总公司后，中国正式实行烟草专卖体制，1983年国务院颁布《烟草专卖条例》，并于1984年1月设立国家烟草专卖局，与中国烟

---

① 上海财经大学课题组：《2006年中国产业发展报告——制造业的市场结构、行为和绩效》，上海财经大学出版社，2006，第488～489页。

草总公司构成"一个机构、两块牌子"，建立了国家烟草专卖制度。1991年，世界卫生组织（WHO）发布关于控烟的七年行动计划，希望从1991年到1997年在公共场所进行全球禁烟。同年6月，第七届全国人大常委会通过《中华人民共和国烟草专卖法》，从立法的高度确立了烟草专卖制度。此外，国务院开始对烟草实行"限产、压库、促销"的方针政策并确定了"控制总量、提高质量、调整结构、增加效益"的发展目标。1997年7月3日，国务院发布《中华人民共和国烟草专卖法实施条例》，至此国家烟草专卖制度在20多年的发展历程中不断巩固和完善。同年8月，第十届世界烟草大会在北京召开。至此全国共有33家省级烟草专卖局（公司）、292家地市级烟草专卖局（分公司）、2082家县级烟草专卖局（分公司），由国家烟草专卖局和中国烟草总公司统一领导，还有120多家卷烟厂和一批烟叶复烤厂、烟机制造厂、烟用丝束生产厂、进出口公司及有关配套生产企业。

2001年我国加入WTO，随着关税的降低和相关贸易壁垒的解除，中国烟草业面临国际社会和跨国烟草巨头的巨大压力。国家烟草专卖的实质就是垄断，这与WTO的基本精神和相关规则互相矛盾，因而该制度受到了极大的挑战，国家专卖制度的存废问题再次引发了激烈的争论，部分学者认为取消专卖制度是大势所趋，占世界烟草市场1/3的中国必须打开国门，这既是国际烟草的要求，又是中国烟草业走向国际市场的必然。虽然中国开放了烟草消费市场，但跨国烟草巨头希望我国继续开放烟叶市场、烟草生产以及烟草批发和分销等流通领域，从而全面进入并控制中国烟草市场。这就需要我国保证对烟草业的绝对控制，尤其是原材料的生产和供应，在与国外烟草企业进行竞争时，绝不能丧失中国烟草业的领导权。

2003年，中国烟草业进行了工商分离，即在现行的专卖体制下，将省级烟草公司负责本省烟草销售的职能与负责本省卷烟生产企业的管理职能分开，并将实行三合一体制地区的烟草专卖局、烟草公司、卷烟生产企业三家单位分开。这一政策旨在打破地区封锁市场的局面以实现我国名优品牌的扩张，这在一定程度上推动了我国烟草业的发展，增强了企业的市场竞争意识，加快了烟草业从计划经济模式向市场经济模式的过渡。然而它并没有解决烟草业的行政垄断问题和长期存在的体制矛盾，在竞争机制的引入上也没有形成规范的准入体制，没有改变烟草企业改革滞后的状况，不能真正打破地方保护。

2003年底中国签署了《烟草控制框架公约》并于2005年生效，我国烟草企业面临技术研发等多方面的挑战，国家的规制政策也受到了冲击并进行了相应的调整，主要表现为对烟草企业行为的规范、税收的调整和公共场所禁烟措施的出台等。从此以后，中国烟草企业需要遵守国际规则，开始步入国际舞台与跨国烟草巨头共同竞争。

第四节 典型国家或地区烟草业规制措施及对中国的启示

世界上对烟草业进行规制的国家较多，其中以美国、日本和欧盟的规制措施最具参考性。这是因为美国烟草业发展历史悠久且较为完善，其规制措施十分详尽并处于不断变化中，可以作为自由市场规制的典型代表；日本烟草业的发展模式和中国类似，其规制措施更适合发展中国家，可以作为国家规制的典型代表；欧盟烟草业规制更加关注健康且长期致力于解决走私问题。因此，本节通过介绍美国、日本和欧盟的烟草规制措施，以期为我国烟草业规制提供借鉴。

一 美国烟草业规制措施及对中国的启示

美国对烟草业的规制主要出于对垄断和健康问题的考虑。崇尚自由市场的美国在看到烟草业形成的巨大托拉斯后，会采取相应措施进行限制，如对菲莫国际的规模及市场垄断定价进行限制。此外，美国出台了一系列有关反垄断和规制的法案，其中以 1980 年的《谢尔曼法》（禁止垄断和限制商业联合或密谋）、1914 年的《联邦贸易委员会法》（设立一个专门的机构来制定和实施相关惩罚条例，即成立司法部反垄断局）和《克莱顿法》（清晰地定义了反竞争行为，包括价格歧视、捆绑销售、排外交易条款和连锁董事会等）最为著名，构成了美国反垄断法案的基本框架，而随后出台的法案都是对三个法案的不断修正。由于美国烟草企业的强大力量，政府的相关反垄断和规制也仅局限于表面上的控制，主要的规制还是来自健康的要求，尤其是对二手烟危害的控制。2009 年 6 月，美国总统奥巴马签署《家庭吸烟预防和烟草控制法》，以联邦政府的名义，授权食品药品监督管理局（FDA）对所有烟草制品实行严格规制，并允许FDA 向烟草制造商和进口商征收额外费用以支撑其管理活动的开展。在获得授权后，FDA 发布新规定："从 2009 年 9 月 22 日起，美国生产销售的卷烟或它们的组成成分中不能包含除薄荷和烟草以外的任何人造或天然香料。"[①] FDA 一直致力于立法对烟草制品进行控制，对烟草广告、流通和销售等都进行了规制，取得了显著的效果。美国一直注重解决"二手烟"问题，各州采取的措施各不相同，使越来越多的地方成为无烟区。其中以亚利桑那州的梅萨最为严格，该城市禁止在人们经常出入的地方吸烟，无论是室内还是室外。[②] 早在 20 世纪初，美国就通过法案来禁止向不满 18 周岁的青少年出售香烟，并于 1995 年对此法案进行完善，要求在购买香烟之前先确认年龄，禁止使用自动售货机和邮寄的方式出售香烟，有效规制了青少年吸烟问题。对于反烟运动，美国政府一直持支持的态度，还通过法案规定烟草企业每年需要向反烟运动捐款 1.5 亿美元。然而，受利益的驱使，美国各大烟草企业借助烟农的力量和烟草业缴纳的高

---

① 国家烟草专卖局：《中国烟草年鉴 2009》，中国科学技术出版社，2010，第 851 页。

② 陶明：《专卖规制下的中国烟草业》，复旦大学博士学位论文，2005，第 212 页。

税收，利用资金援助、支持选择等手段游说政府和官员，企图操纵国会制定对自己有利的政策，包括美国对中国烟草专卖制度施压也是烟草企业意愿的体现。因此，美国的烟草业规制属于"被规制"，政府的措施仅用于规定焦油含量等健康问题，强大的烟草垄断势力通常能够操控市场，也形成了规模效应，在国际市场上具有较大的竞争力。

对于中国而言，受制于市场经济发展水平，采取美国的自由兼并重组形式不太可能，我国烟草业因缺乏市场经济的基础性作用而显得国家专制性较强，再加上我国公有制的体制不允许烟草私营，选择美国发展烟草业的道路不适合我国国情。因此，可以供我国借鉴的方式主要如下。①市场化运作。烟草业规制的目的在于解决因垄断而产生的不正当竞争和社会福利损失等问题，而不是代替市场的资源配置作用。美国正是严格按照这个准则，通过政府干预来解决市场失灵问题的，体现了"有形的手"的宏观调控作用，但始终没有动摇市场的基础性地位。我国也不能用政治力量来控制烟草市场，而应该鼓励烟草企业在市场"无形的手"的指挥下不断实现兼并重组以壮大自身，提高国际竞争力，因为行政手段的过度干预会降低其应对市场竞争的能力，造成低效率并带来社会福利损失。②规范化和法治化的规制措施。美国的规制政策一直是建立在相关法案基础之上的，并且处于不断完善的状态中。法治化的另一个代表是进行法律诉讼。除了美国政府相关机构对烟草企业的反垄断诉讼外，民间已经多次出现因吸烟或被动吸烟对人体健康造成危害而向烟草公司提起诉讼的事件，并已有获赔的先例。我国也应进一步完善烟草规制法律体系，严格按照法律程序执行，不能完全依靠行政权力，只有这样才能真正实现市场经济的法治化。③严控青少年吸烟和"二手烟"。我国虽然十分关注青少年吸烟问题并努力消除"二手烟"的影响，但青少年吸烟现象仍屡禁不止，这是因为我国没有像美国那样完全阻断其获取香烟的渠道，因而需要学习美国的严控经验，进一步完善相关法律法规，加强青少年禁烟教育，提高烟民素质。"二手烟"问题依旧严峻，直到 2013 年连续出台了公共场所禁烟令，才对"二手烟"进行了一定程度的控制。此外，对于美国烟草企业干预政治经济生活的问题，同样需要引起我国尤其是地方政府的重视，这是由烟草的巨额垄断利润和财政依赖特性决定的，从各自的利益出发，极易受到烟草企业的控制而制定利己性的政策，这就需要在改革税收制度的同时，通过国家相关部门和社会各界进行监督。

二　日本烟草业规制措施及对中国的启示

日本属于后发的资本主义国家，在 1985 年之前，日本与我国一样实行严格的国家烟草专卖制度。但迫于国际压力和自身民营化改革的需要，日本于 1985 年取消了烟草专卖，两年后还撤销了烟草的关税，成为一个烟草完全竞争市场。然而日本并未放弃对烟草业的规制，规定日本烟草是国内唯一的烟草制造商，这相当于将规制变为扶持日本烟草发展。日本依旧没有放开烟叶种植领域，保证了对烟草原材料的控制权。对于烟草企业的性质，日本烟草转变为混合所有制，优化了管理体系并明晰了产权，但一直坚持国有控股，推动烟草业的国际化发展，成为第三大跨国烟草公司。针对烟草税改革，日本取消了关税，实现了国内外烟草制品的同税收，以保证公平竞争。同时，实行国家和地方烟草税从量计征，在两道环节征收，一是在商业环节征收，上缴中央财政，相当于全部税额的一半；二是向零售商征收的另一半，归地方财政。消费税则是价外税，由国家和地方各征收含税价格的 1% 。此外，日本烟草的销售完全遵循市场规则并建立了现代流通体系，在放开烟草流通和取消关税后，还形成了国际化的烟草流通市场。

中国的烟草业规制也不可能完全模仿日本模式，必须保证国家烟草专卖制度的长期存在。但日本实现了国家与市场的有机结合，并打造了一个世界第三大烟草集团，尤其是烟草税改革等方面的很多经验都值得我国借鉴。①国家对烟草业的规制可以通过过渡性的改革模式予以调整，实现诱致性的制度变迁，并努力实现烟草专卖制度和市场经济的有机结合，使其更符合国内外烟草市场的需要。②鉴于烟草的特殊性和我国独有的经济制度，可以参考日本的国家扶持经验，充分发挥我国烟草业的规模效应。③保证烟草业的内部竞争机制，努力消除"优不胜，劣不汰"现象，通过政府的大力扶持和烟草企业的优化重组，打造一个属于中国的全新跨国烟草集团。

三　欧盟烟草业规制措施及对中国的启示

欧盟烟草业一直处于严格规制的状态，自 1998 年起，欧盟就对焦油和烟碱含量进行了限制（分别不得超过 12 毫克/支和 1.2 毫克/支），法国于 2004 年更是规定焦油含量不得超过 10 毫克/支。欧盟还严格禁止各类烟草广告，并增加了有关吸烟危害性的广告宣传。值得关注的是，欧盟严厉打击烟草走私行为。欧盟各国均对烟草征收重税，主要表现为不断提高消费税，目前英国征收的烟草税已位居世界第二。高税收导致烟草价格上涨，从而刺激了走私行为，各国都进行了严厉打击。以法国为例，2003 年烟草涨价后，海关查获的烟草走私数量增长了 50%。然而，欧盟面临一个严重问题，即烟民的"跨境购烟旅游"，烟民选择到周边卷烟价格相对便宜的国家旅游，借以进行烟草消费。这是由欧盟各国的烟草税高低不一决定的，这对英法等国的税收造成了巨大损害，因此这些国家不断号召提高欧盟各国的烟草税。此外，欧盟还与菲莫公司签订了共同打击走私烟和假烟的协议，要求该公司支付一定费用来支持欧盟打击走私烟和假烟。针对烟叶种植，欧盟削减了相关补贴并于 2010 年完全取消了补贴，还对烟草类型和品种设置定额，目的在于降低财政负担并取消行政干预。

欧盟的烟草业规制可谓历史悠久，虽然已经从国家专卖制度转为自由市场模式，但在许多方面仍值得我国借鉴。①始终强调对烟草的严格控制。欧盟禁止一切与烟草有关的广告，规定在公共场所必须有"禁止吸烟"的标志，并对公共场所吸烟者予以重罚。自2015年6月1日起北京市开始实施的严格禁烟令，已经接近欧盟的严控水平，但在其他地区还缺乏相关严控措施。②欧盟十分关注健康，为吸烟者设立健康诊所，并免费提供相应的戒烟药品，部分政府还投入资金进行戒烟宣传，这些都是我国所缺失的。③欧盟提高烟草税的相关措施导致烟草走私行为迅速增加，尤其是"跨境购烟旅游"现象十分普遍。我国同样面临香烟走私和假烟等问题，这就要求我国必须严控烟草流通环节，建立现代化的烟草物流体系，对制造假烟和走私卷烟等行为进行严厉惩处。④欧盟取消对烟农的补贴并设置了定额，大部分国家逐渐退出烟草种植，这在一定程度上使其丧失了烟草原材料市场。我国对退出烟叶种植的现象要杜绝，国家要始终规制烟叶市场，以免沦为跨国烟草公司的附庸。⑤欧盟属于取消专卖制度的地区，利用自由市场模式打造了四大跨国烟草公司之一的英美烟草。虽然它已经沦为美国的附庸，但其强大的国际市场竞争力也是不容忽视的。我国同样需要进行诱致性制度变迁，通过有限规制来调控烟草业，并保证自身的独立性，不断提高市场竞争力，努力打造属于自己的跨国烟草集团。

第五节　本章小结

本章围绕我国烟草业规制的原因、措施与演进展开，首先介绍了规制的原因来源于以下几个方面：一是烟草具有负外部性，表现为对人体具有危害性、对环境造成污染以及增加社会成本，可以通过环境规制和征税等方式进行控制；二是烟草批发市场混乱，表现为卷烟自由批发市场的发展和影响；三是烟叶的盲目种植与收购问题，表现为烟农和地方政府的"合谋"以及需要确保烟叶收购的稳定；四是政府对烟草业严重依赖，表现为烟草业的税收效应，是地方保护主义产生的根源。此外，本章结合原始-对偶索洛残差法和新实证产业组织法来测度烟草业的市场势力，采用最高限估计法来计算其造成的社会福利净损失。结果表明，我国的烟草业确实存在较高的市场势力并造成了社会福利净损失，而且净损失呈现逐年增加的趋势，这成为规制的另一个重要原因。其次，介绍了以"双控"政策为代表的烟叶种植与收购的规制和烟草生产环节的相关规制措施，发现对烟草生产领域的规制防止了跨国烟草企业的进入和控制，也阻碍了我国烟草业的发展和完善。同时，介绍了烟草流通的概念及其发展的六个阶段、烟草流通的现状与规制措施，以及现阶段四大跨国烟草公司的流通战略。再次，详细论述了中国烟草业规制的历史演进。最后，介绍了美国、日本、欧盟烟草业规制的历史和现状，并提出其在坚持市场化运作、规范化和法治化建设、严控青少年吸烟和"二手烟"，以及国家扶持等方面的法律措施值得我国借鉴，而出现的烟草企业干预政治经济生活的现象则需要引起我国的重视并加以防范。由此可知，中国烟草业规制来源于多方面的原因，其规制措施也在不断变化。尤其是强大的市场势力和逐年增加的社会福利净损失，必须通过反垄断措施予以治理。规制的相关措施及其不断演进和完善，说明在我国烟草业的生产领域，国家必须严格控制烟叶市场，保证原材料的稳定供应。针对烟草加工业，国家应逐步放松规制，利用市场机制加以完善，只有这样才能应对跨国烟草公司的竞争，最终在国际市场上占据一席之地。而对于情况最复杂和问题最多的烟草流通领域，相关的规制措施并没有发挥较好的指导作用，同样需要进行不断完善，并坚决打击非法烟草贸易行为，且烟草流通企业需要学习世界上先进的烟草流通技术，争取在国际市场上与跨国烟草巨头进行竞争。

第五章　中国烟草业规制的影响

中国一直对烟草业进行规制，必然会对烟草生产、流通及消费等产生影响。本章通过实证研究来分析这把"双刃剑"的影响情况，主要利用计量模型来测度相关因素的影响程度，采取最优规划方法来讨论信息不对称问题，并借助博弈论来研究烟草业中各个市场主体的行为决策。此外，本章还通过云南省玉溪市的案例对"双控"政策效应进行分析，坚持理论与实践相结合，从而更好地发现中国烟草业规制存在的问题并加以完善。

第一节　基于 PLS - SEM 的烟草生产影响因素研究

烟草具有上瘾性、垄断性和高税收等特征，长期以来都备受争议。烟草业的垄断分为自然垄断和行政垄断，后者是规制的重点，国家为此出台了多项反垄断的法律法规。除了垄断问题外，烟草能够使人上瘾并损害身体健康，还会产生严重的负外部性。然而，烟草又是烟农增收的关键和地方财政收入的重要力量，在部分地区还成为经济的支柱。中国始终通过国家专卖制度对烟草业进行规制，但在签署《烟草控制框架公约》后，需要对其进行调整以达到国际要求。中国加入 WTO 后，随着市场的不断开放，烟草业也将受到国际烟草巨头的冲击，还肩负着"走出去"的重任。出于健康考虑及对负外部性的控制，国家不断出台公共场所禁烟措施。为了确保中国烟草业的健康发展，对烟草影响因素的研究就显得十分必要。而国内学者大多只是讨论了国家烟草专卖制度或者运用 SCP 范式来分析烟草业，不能全面而深入地研究影响烟草的相关因素，更没有考虑地方财政收入等外部因素的影响。

为了弥补国内在这一领域研究的缺失，对相关政策法规的实施提供依据与参考，本书采取结构方程模型（SEM）来对整个烟草生产环节进行研究，使用偏最小二乘法（PLS）测度相关因素的影响，具有可检验性和较高的说服力。这样能够更好地分析我国烟草业在生产领域存在的问题，并根据实证研究的结果提出有针对性的政策建议，进一步完善国家烟草专卖制度，以实现中国烟草业的健康发展。

一　方法与数据

中国一直实行烟草专卖制度，烟叶的种植面积、收购数量和收购价均由政府决定，具体收购环节则由烟草专卖局（公司）进行，且由于烟叶税的实行，地方财政收入对其产生了严重依赖。因此，烟草生产的研究必须与烟叶种植、烟叶税及地方财政收入联系起来，本着投入－产出的基本分析法，需要考虑烟叶的劳动力投入、收购价格以及烟叶的成本－收益等因素。当然，烟草生产的下一个环节是消费，所以还需要考虑烟草消费的影响，本书选取城镇人均烟草消费支出这个指标作为解释变量来进行测度。由于烟草相关数据的样本量较少，且部分呈现有偏分布及变量之间存在多重共线性，本书选择结构方程模型来研究烟草生产情况，并通过偏最小二乘法测度各个因素的影响程度。

结构方程模型最早由 Joreskog 和 Wiley（1973）结合因子分析和路径分析提出的，它可以测量不可直接测量的抽象变量（隐变量）以及估计自变量与因变量间的因果关系，其测度方法主要有 LISREL 法和 PLS 法。对于烟草生产而言，LISREL 法缺乏相关理论支持且预测准度较低，因此本书选择 PLS 法。偏最小二乘法最早由 Wold 和 Albano

（1983）提出，这一方法能够有效解决多重共线性、样本量较少等问题。根据烟草的具体生产过程，需要测度上游的烟叶种植面积及产量、成本和劳动力投入，外部影响因素为烟叶税和地方财政收入，下游还需要测度烟草消费，具体见表5-1。

表5-1　烟草生产模型的相关变量说明

相关变量	指标说明
地方财政	各地财政收入的加总（万元）
烟叶价格	烟叶平均出售价格（50公斤/元）
烟叶用工	烟叶的每亩用工数量（个）
人均烟消	城镇人均烟草消费支出（元）
烟叶税	包括平均烟叶税（元）和烟叶税总额（亿元）

隐变量	显变量
烟叶种植	烟叶的种植面积
	烟叶产量
成本利润	烟叶的种植成本
	烟叶的成本利润率
烟草产出	卷烟产量
	卷烟产值

交互效应	相关指标
烟叶价税	烟叶价格×平均烟叶税
	烟叶价格×烟叶税总额
均消烟产	卷烟城镇人均消费×卷烟产量
	卷烟城镇人均消费×卷烟产值

　　根据相关变量的设定，本书的基本假设是：①从烟草生产内部看，烟叶价格和烟叶用工以及利润率对烟叶种植具有正向作用，而种烟成本具有负向作用；②烟草产出受到烟叶种植和人均烟草消费的正向影响，属于原材料供给和消费者需求的刺激，同时也对地方财政收入具有正向作用，这就是为地方财政所依赖的表现；③烟叶

税对烟叶种植具有负向影响，对地方财政收入则表现为正向作用。

　　我国自 1999 年开始实行"双控"政策，严格控制烟叶的种植面积和收购数量，并且调整了烟叶和烟草制品的税率，因此本书选择 1999~2011 年的相关数据进行研究。所用数据主要来源于实际调研以及《全国农产品成本收益资料汇编》《中国烟草年鉴》《中国统计年鉴》等，并进行了 CPI 平减，然后利用 Visual PLS 1.04b1 软件对模型进行测度。

二　结果与讨论

　　将烟草生产的相关数据输入 Visual PLS 软件，选择 PLS 回归并加以整理，回归结果见图 5-1。

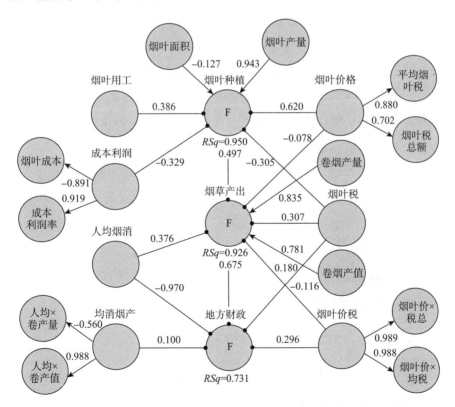

图 5-1　烟草生产结构方程模型的 PLS 回归结果

由结果可以得到模型的 R^2 均较高，具有较强的解释力，且测度出了隐变量和交互效应的影响。通过系数分析，可以得出以下结论。

（1）烟叶价格和劳动力投入均对烟叶种植有着正向影响，成本产生负向影响，而烟叶种植情况正向影响烟草产出，烟叶价格负向影响烟草产出，这符合投入－产出法的基本规律。此外，交互效应中烟草消费与产出和烟叶价格与税收对地方政府收入产生了正向影响，烟叶价格与税收则抑制了烟草产出。

（2）烟叶税抑制了烟叶种植，相反却对地方财政收入和烟草产出具有促进作用。这说明地方政府出于自身考虑而出台的提高烟叶税措施，在一定程度上起到了控制烟叶种植的作用，然而却通过传导机制提高了烟草产出，促进了烟草加工业的发展。

（3）人均烟草消费对烟草产出具有正向影响，却对地方财政收入产生负向影响。这说明烟草消费产生的负外部性部分由地方政府埋单，对烟草消费环节的征税措施并没有提高地方财政收入。因此，我国需要进一步完善烟草消费税，只有这样才能利用经济手段来调控烟草制品消费。

（4）烟草产出对于地方财政收入的影响高达 0.675，这在一定程度上验证了地方税收依赖现象，表明烟草规制的重点在于地方税收改革。根据周克清和戴鹏（2011）的研究，云南、贵州和湖南的烟草税收依赖最为严重。因此，对于烟草业在地方经济中发挥重要作用的省份，控烟将十分困难，这就需要在财税改革的同时，因地制宜地实行相关规制措施。

三　总结

通过研究可以发现烟草生产与上、中、下游的多个因素密切相关，还包括烟叶税和地方财政收入这两个外部因素，但部分因素并没有发挥应有的作用。因此，烟草业规制必须充分考虑各个方面并与税收改革相结合，从整体和细节入手，纵向联系和横向联系相结合，只有这样才能确保中国烟草业的健康发展。

第二节 规制对烟草企业流通竞争力的影响分析
——以 X 烟草为例

中国一直实行烟草专卖制度，始终规制着烟草制品的流通与销售，这势必对烟草企业的流通竞争力产生影响。中国加入 WTO 和签署《烟草控制框架公约》后，世界烟草制品将涌入我国市场，国内烟草企业也面临控制产品数量和提高产品质量的要求，并将加入全球烟草市场的竞争中。此外，地方财政存在烟草税收依赖且主要来自本地企业，产生了严重的地方保护主义。我国的烟草流通完全由烟草专卖局（公司）负责，它控制着巨额利润，但行政集权且缺乏激励，导致流通竞争力相对较弱，在国内烟草消费市场开放后，在流通方面与跨国烟草公司存在较大差距。因此，关于烟草企业流通竞争力的研究就显得十分重要，它将有利于提高我国烟草企业的市场竞争力，通过对相关因素的调节还将有利于缓解地方保护主义。目前国内对流通竞争力的研究不多，针对烟草企业的研究更是屈指可数，本书的研究将弥补这一不足并进一步完善流通竞争力的实证研究方法。由于烟草制品的特性，通过调研和统计年鉴查询所获得的样本量较少，且影响因素之间存在多重共线性，因此本书基于对云南省 X 烟草的调研和相关统计年鉴数据，选择主成分分析法和偏最小二乘法对烟草企业流通竞争力的影响因素进行研究，希望能够缓解烟草流通规制带来的影响，不断提高我国烟草企业的流通竞争力，激发烟草制品市场的活力，使其在与国际烟草品牌竞争的同时，能够做到有效满足烟草消费者的需求。

一 方法与数据

关于流通竞争力的实证研究方法，主要有主成分分析法和因子分析法，但这两种方法较为类似，通常选择一种即可。而偏最小二乘法已被广泛地运用于实证研究中，鉴于其在解决多重共线性等方面的优势，能够较好地测度出影响我国烟草企业流通竞争力相关因素的系数。因此，本书结合主成分分析法和偏最小二乘法进行研究。

主成分分析法（PCA）的概念最早由 Pearson（1901）提出，该方法是通过几个主成分来解释多变量间内部结构的，但要求主成分之间必须互不相关。目前，SPSS 和 Stata 等软件都能对研究数据进行主成分分析，本书使用的是 Stata 12，检验方法为 KMO、ANTI 和 SMC。基于烟草企业数据，借鉴波特的钻石模型并参考《烟草商业企业竞争能力指标体系（试行）》，本书选择的评价指标见表 5 - 2。

表 5 - 2　烟草企业流通竞争力评价指标

主要指标	指标细分
市场竞争	人均销售额
资本运营情况	总资产贡献率
	全员劳动生产率
	成本费用利润率
	资产负债率
	单条配送成本
人力资本投资	教育经费/技术经费投入比例
	专业技术人员比重
科研投入	研发费
品牌认知度	名优品牌销量占全国比重

偏最小二乘法（PLS）最早由 Wold 和 Albano（1983）提出，以解决使用最小二乘法时遇到的多重共线性和样本量较少等问题，因而较适用于对烟草企业流通竞争力的研究。本书将以上 10 个指标及外地烟比重（x_{11}）作为 PLS 回归测度变量，引入地方财政收入、利税总额和销售总额作为被解释变量，从而研究这些因素对企业自身盈利能力、销售水平的影响，并在一定程度上测度烟草市场竞争程度及地方政府对烟草的税收依赖。目前，能够进行 PLS 回归的软件有 SPSS、SIMCA - P、Visual PLS、Minitab 和 Matlab 等，本书所使用的软件是 Visual PLS 1.04b1 和 Minitab 16。

根据相关变量的设定，本书的基本假设如下：①X 烟草资本运营内部的各项指标均为正向影响；②人力资本投资和科研投入对 X 烟草的资本运营表现为正向作用，科研投入也对品牌认知度和地方财政收入具有正向影响；③品牌认知度对 X 烟草的市场竞争具有正向作用；④市场竞争对地方财政收入具有负面影响；⑤外地烟比重对 X 烟草的资本运营和地方财政收入均具有负面影响。

云南省是中国的产烟大省，对烟草业存在严重的地方税收依赖，其中以红塔集团所在地 X 市最为典型。因此，本书主要使用相关调查数据以及部分统计年鉴数据，具体为 1999～2011 年的 X 烟草调查数据、《中国烟草年鉴》、X 市统计年鉴、中国烟草行业分析报告和相关烟草网站数据等。通过相关计算和 CPI 平减，得到云南省 X 烟草评价指标数据表（1999～2011 年），然后利用 Stata 12、Visual PLS 1.04b1 和 Minitab 16 进行分析。

二　结果与讨论

首先，设 $x_1 \sim x_{10}$ 分别为人均销售额、总资产贡献率、全员劳动生产率、成本费用利润率、资产负债率、单条配送成本、教育经费/技术经费投入比例、专业技术人员比重、研发费和名优品牌销量占全国比重。

其次，根据主成分分析法的原理，将变量标准化（以 $z_1 \sim z_{10}$ 表示），再通过 PCA 命令得到流通竞争力主成分分析结果（见表 5 - 3）。

表 5 - 3　流通竞争力主成分分析结果

Principal components/correlation　　　　Number of obs = 13

Number of comp.　=　　2

Trace　　　　　=　　10

Rotation：（unrotated = principal）　　　Rho = 0.8414

Component Eigenvalue Difference Proportion Cumulative

-------------+----------------------------------

Component	Eigenvalue	Difference	Proportion	Cumulative
Comp1	6.841	5.26821	0.6841	0.6841
Comp2	1.57279	0.875696	0.1573	0.8414
Comp3	0.697094	0.204065	0.0697	0.9111
Comp4	0.493028	0.234409	0.0493	0.9604
Comp5	0.258619	0.193315	0.0259	0.9863
Comp6	0.065304	0.0361481	0.0065	0.9928
Comp7	0.029156	0.0083256	0.0029	0.9957
Comp8	0.0208304	0.00346241	0.0021	0.9978
Comp9	0.0173679	0.0125583	0.0017	0.9995
Comp10	0.00480961		0.0005	1.0000

由结果可知，选取两个主成分 F_1 和 F_2 较为合适。然后进行 KMO（0.767）、ANTI（较好）和 SMC（较高）检验，都说明数据适合主成分分析。

最后，可以得到主成分及时间序列的得分情况（见表 5 - 4、图 5 - 2）。

表 5 - 4　主成分及时间序列的得分情况

两个主成分得分			时间序列得分	
Comp1	Comp2		F_1	F_2
x1	0.9078	-0.02156	1. -4.21255	2.170443
x2	0.6184	0.6906	2. -3.594439	0.9069415
x3	0.8917	0.388	3. -2.206173	0.055923
x4	-0.6414	0.369	4. -2.4335	-1.091109
x5	0.9069	0.06566	5. -1.815117	-1.504219
x6	0.9328	-0.1293		
x7	-0.3533	0.7259	6. -0.7103205	-0.6696934
x8	0.9498	0.277	7. -0.0915176	-0.8608123
x9	0.9741	-0.1019	8. 1.255752	-1.345718
x10	-0.8714	0.4168	9. 1.610531	-0.1487029
			10. 2.509305	-0.0959511
			11. 2.942401	0.2724236
			12. 3.172796	0.749868
			13. 3.572833	1.560607

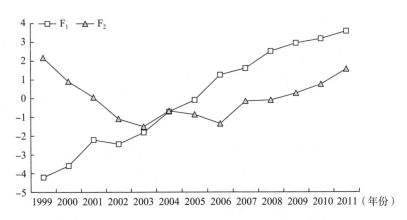

图 5 - 2　主成分 F_1 和 F_2 的时间序列得分变动趋势

　　由此可知，X 烟草的流通竞争力呈现上升的趋势，尤其是销售、人力资本和研发等因素的影响巨大。但是，资本结构等因素使流通竞争力出现剧烈波动，说明 X 烟草需要优化其内部结构，而教育经费投入比例的波动则说明对员工的教育和培训重视程度不够，需要加强人力资本投资。

同时，加入外地烟比重（x_{11}）作为竞争程度的测度，使用 Visual PLS 1.04b1 进行测度，可得到 X 烟草流通竞争力影响因素测度情况（见图 5 - 3）。

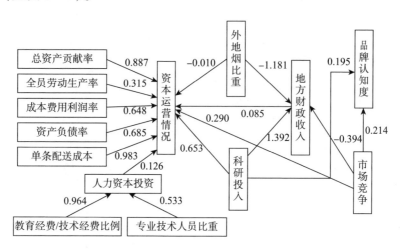

图 5 - 3　X 烟草流通竞争力影响因素测度

由图 5 - 3 可知，人力资本投资和科研投入对资本运营具有促进作用，且科研投入还将提高品牌认知度。外地烟比重对资本运营和地方财政收入都产生了负向影响，这说明自然垄断的存在以及当地政府基于自身利益而形成了地方保护主义。市场竞争同样不利于地方财政收入，因此当地政府也将成为烟草垄断的支持者。对于企业内部而言，总资产贡献率和单条配送成本影响巨大，控制成本和提高效率能够优化内部结构，提高 X 烟草的流通竞争力。对于 X 烟草的人力资本而言，教育经费投入能够有效实现人力资本投资，而专业技术人员比重是人力资本的核心构成。

下一步，利用 Minitab 16 进行 PLS 回归。所增加的第 11 个解释变量外地烟比重是为了测度市场份额对利税总额、销售总额和地方财政收入（设为 Y_1、Y_2 和 Y_3）是否产生影响。回归后，保留显著变量（R^2 均在 90% 以上），可得：

$$Y_1 = 0.542x_1 + 0.270x_2 + 0.003x_4 + 0.085x_7 + 1.066x_9 + 0.111x_{10} + 0.155x_{11} \quad (1)$$

$$Y_2 = 1.662x_3 + 1.356x_4 + 2.449x_5 + 0.287x_6 + 0.841x_8 + 0.079x_{11} \tag{2}$$

$$Y_3 = 0.296x_3 + 0.097x_4 + 0.069x_5 + 0.219x_6 + 0.423x_8 + 0.269x_9 \tag{3}$$

由此可知，外地烟比重对地方财政收入影响甚微，对当地企业销售总额的影响也不大，这在一定程度上说明烟草业存在地方保护主义，而地方财政主要依赖于当地烟草企业，可以通过提高外地烟比重引入竞争，并降低地方政府对当地烟草企业的依赖，以打破烟草市场的地方割据，这就需要各地政府从长远考虑，实现"多赢"。由式（1）可知，影响 X 烟草利税总额的因素主要是人均销售额、总资产贡献率、研发费、名优品牌销量占全国比重及外地烟比重，其中研发费的影响最大，这说明 R & D 对于 X 烟草的重要性。此外，教育经费/技术经费投入比例同样会产生影响，这说明重视员工人力资本投资的重要性。由式（2）可知，影响 X 烟草销售总额的因素主要是全员劳动生产率、成本费用利润率、资产负债率、单条配送成本、专业技术人员比重。因此，成本的控制、效率的提高和人力资本投资是提高 X 烟草销售水平的重要措施。对于地方财政收入，由式（3）可知，影响因素主要是全员劳动生产率、单条配送成本、专业技术人员比重和研发费，这说明 X 烟草的生产与销售是增加地方财政收入的源泉，而税收是导致配送成本增加的主要因素。地方政府出于自身考虑，将鼓励和支持当地烟草企业加强科研和人力资本投资，这在一定程度上促进了烟草企业的发展。

三 总结

烟草业是云南省 X 市的支柱产业，其著名的烟草品牌有"红塔山""玉溪"等，在规模和产品特色上均具有一定的代表性。因此，本节基于当地调查数据和相关统计年鉴，通过主成分分析法和偏最小二乘法进行烟草企业流通竞争力的实证研究，测度了相关影响因素，发现人力资本、科研和资本内部结构等对提高烟草企业的流通竞争力具有重要作用，但一直被烟草专卖局（公司）所忽略，这就需要对其进行相应的改革。地方政府出于自身利益考虑而支持烟草垄断并实行地方保护主义，这就需要进行烟草税改革，以缓解地方税收依赖。只有这样才能在规制的前提下有效提高我国烟草企业的流通竞争力，满足烟民的需求，维护烟草制品市场的稳定，保证烟草业的健康发展。

第三节　规制执行者内部的信息不对称问题

我国烟草业规制的实施主体是国家烟草专卖局（公司）和各地烟草专卖局（公司）。在维护地方保护主义的同时，由于垄断利润的存在，员工一直拥有高工资和高福利。但是政企不分的运营模式以及激励的缺失，使得在信息的不对称的情形下，各地的烟草专卖局（公司）内部出现了道德风险和逆向选择问题。

首先，考虑内部员工的不同情况。假设烟草专卖局（公司）的员工都是理性经济人，烟草专卖局（公司）是风险中性的，员工是风险规避的，且只存在两个员工，一个为高努力，另一个为低努力（偷懒），分别设为员工 1 和员工 2，其产量为 q_1 和 q_2。由于努力，产生了负效用，因而对于员工 1 而言，效用函数为 $U(w,e) = \sqrt{w} - e^2$，员工 2 的效用函数则为 $U(w,e) = \sqrt{w}$，这里的 w 主要为工资，其保留效用为 $\underline{U}$。为了简化模型，设烟草专卖局（公司）的利益函数为：

$$B(x,e) = x - w, x = q_1 + q_2$$

在对称信息下，对于不同的员工支付不同的工资即可，即对于高努力者支付 $(e^2 + \underline{U})^2$ 的工资，对低努力者则支付 $\underline{U}^2$ 的工资。然而对于烟草专卖局（公司），必然是按不同级别实行同酬制度，个人绩效是无法得知的，这就产生了信息不对称。对于追求快速发展的烟草专卖局（公司）来说，不可能要求员工处于低努力状态，因而只需要考虑烟草专卖局（公司）要求高努力时的情形。如果是高努力的结果，烟草专卖局（公司）将支付 w_1 的工资，低努力的结果则支付 w_2 的工资，显然 $w_1 > w_2$，高努力结果出现的概率为 $2/3$，则构建的最优规划问题为：

$$\underset{(w_1, w_2)}{\text{Max}} \frac{2}{3}(x - w_1) + \frac{1}{3}(x - w_2)$$

$$\text{s. t. } \frac{2}{3}\sqrt{w_1} + \frac{1}{3}\sqrt{w_2} - e^2 \geq \underline{U}, \frac{2}{3}\sqrt{w_1} + \frac{1}{3}\sqrt{w_2} - e^2 \geq \frac{2}{3}\sqrt{w_2} + \frac{1}{3}\sqrt{w_1}$$

建立拉格朗日函数：

$$L = \frac{2}{3}(x - w_1) + \frac{1}{3}(x - w_2) + \lambda\left(\frac{2}{3}\sqrt{w_1} + \frac{1}{3}\sqrt{w_2} - e^2 - \underline{U}\right)$$

$$+ \mu\left(\frac{2}{3}\sqrt{w_1} + \frac{1}{3}\sqrt{w_2} - e^2 - \frac{2}{3}\sqrt{w_2} - \frac{1}{3}\sqrt{w_1}\right)$$

$$= \frac{2}{3}(x - w_1) + \frac{1}{3}(x - w_2) + \lambda\left(\frac{2}{3}\sqrt{w_1} + \frac{1}{3}\sqrt{w_2} - e^2 - \underline{U}\right)$$

$$+ \mu\left(\frac{1}{3}\sqrt{w_1} - \frac{1}{3}\sqrt{w_2} - e^2\right)$$

求一阶偏导，得到：

$$\frac{\partial L}{\partial w_1} = -\frac{2}{3} + \frac{4}{3}\frac{\lambda}{\sqrt{w_1}} + \frac{2}{3}\frac{\mu}{\sqrt{w_1}} = 0 \qquad \lambda = \frac{1}{6}\sqrt{w_2} + \frac{1}{3}\sqrt{w_1} > 0,$$

$$\frac{\partial L}{\partial w_2} = -\frac{1}{3} + \frac{2}{3}\frac{\lambda}{\sqrt{w_2}} - \frac{2}{3}\frac{\mu}{\sqrt{w_2}} = 0 \qquad \mu = \frac{1}{3}\sqrt{w_1} - \frac{1}{3}\sqrt{w_2} > 0$$

满足参与约束条件和激励约束条件：

$$\frac{\partial L}{\partial \lambda} = \frac{2}{3}\sqrt{w_1} + \frac{1}{3}\sqrt{w_2} - e^2 = \underline{U}$$

$$\frac{\partial L}{\partial \mu} = \frac{1}{3}\sqrt{w_1} - \frac{1}{3}\sqrt{w_2} - e^2 = 0 \longrightarrow \sqrt{w_1} = 2e^2 + \underline{U}, \ \sqrt{w_2} = \underline{U} - e^2 Q$$

则 $w_1 = (2e^2 + \underline{U})^2, w_2 = (\underline{U} - e^2)^2$，预期的烟草专卖局（公司）产值为：

$$\frac{2}{3}[x - (2e^2 + \underline{U})^2] + \frac{1}{3}[x - (\underline{U} - e^2)^2]$$

因此，高努力者得到了高回报，低努力者受到了惩罚。在现实情形下，员工一般都是风险中性的，这时其效用函数就变为 $U(w,e) = w - e$，对于低努力者而言，则 $e = 0$，那么最优解就变为：$w_1 = 2e + \underline{U}$，$w_2 = \underline{U} - e$，由此可知员工的要求更低。然而在无法区别努力程度的烟草专卖局（公司）内部，拥有相对较高工资和福利的员工将本着"干多干少一个样"的心态，最后的结果是大家都变得不努力了。高努力者也将表现为低努力状态，从而导致烟草专卖局（公司）效率低下，这就产生了道德风险。

其次，考虑高努力者的伪装情形，由于不是所有人都具有奉献精神，如果高努力者得不到应有的收入，必然会伪装成低努力者。因为这样减少了努力带来的负效用，却降低了烟草专卖局（公司）的效率，甚至将造成损失。为了简化模型，假设员工为风险中性（这也比较符合实际情况），将效用函数设为：高努力，$U^G(w,e) = w - e^2$；低努力，$U^B(w,e) = w - 2e^2$。对于烟草专卖局（公司）而言，其收益函数与员工的努力程度紧密相关，即 $\underset{(w,e)}{\text{Max}} = e - w$。为了进一步简化模型，可以将高努力和低努力的概率都设为 1/2，且保留效用为 0。这时，在信息对称的情况下，高努力者的函数应该为 $\underset{(e^G, w^G)}{\text{Max}} e^G - w^G$，s. t. $w^G - (e^G)^2 \geqslant 0$，求解可得 $\lambda = 1, e^G = 1/2, w^G = (e^G)^2 = 1/4$，烟草专卖局（公司）的净产值为 1/4。类似的，求解低努力者的函数 $\underset{(e^G, w^G)}{\text{Max}} e^B - w^B$，s. t. $w^B - 2(e^B)^2 \geqslant 0$，则 $\lambda = 1$，$e^B = 1/4$，$w^B = 1/8$，烟草专卖局（公司）的净产值为 1/8，这时总净产值为 3/16。然而在烟草专卖局（公司）内部，信息是不对称的，而单位也希望员工表现为高努力状态以获得最大净产值，这时规划问题为：

$$\underset{(w^G, w^B, e^G, e^B)}{\text{Max}} \frac{1}{2}(e^G - w^G) + \frac{1}{2}(e^B - w^B)$$

$$w^G - (e^G)^2 \geqslant \underline{U}, w^B - 2(e^B)^2 \geqslant 0$$

$$\text{s. t. } w^G - (e^G)^2 \geqslant w^B - 2(e^B)^2$$

$$w^B - 2(e^B)^2 \geqslant w^G - 2(e^B)^2$$

由于 $w^G - (e^G)^2 \geqslant w^B - (e^B)^2 \geqslant w^B - 2(e^B)^2 \geqslant 0$，那么约束条件可

简化为：

$$w^B - 2(e^B)^2 \geq 0$$
$$\text{s. t. } w^G - (e^G)^2 \geq w^B - 2(e^B)^2$$
$$w^B - 2(e^B)^2 \geq w^G - 2(e^G)^2$$

建立拉格朗日函数为：

$$L = \frac{1}{2}(e^G - w^G) + \frac{1}{2}(e^B - w^B) + \lambda(w^B - 2(e^B)^2) + \mu(w^G - (e^G)^2 - w^B$$
$$+ 2(e^B)^2) + \delta(w^B - 2(e^B)^2 - w^G + 2(e^G)^2)$$

求一阶偏导，得到：

$$\frac{\partial L}{\partial e^G} = \frac{1}{2} - 2\mu e^G + 4\delta e^G = 0$$

$$\frac{\partial L}{\partial w^G} = -\frac{1}{2} + \mu - \delta = 0$$

$$\frac{\partial L}{\partial e^B} = \frac{1}{2} - 4\lambda e^B + 2\mu e^B - 4\delta e^B = 0$$

$$\frac{\partial L}{\partial w^B} = -\frac{1}{2} + \lambda - \mu + \delta = 0$$

化简得：

$$\mu - \delta = \frac{1}{2}$$

$$\lambda - \mu + \delta = \frac{1}{2}$$

$$2\mu - 4\delta = \frac{1}{2e^G}$$

$$4\lambda - 2\mu + 4\delta = \frac{1}{2e^B}$$

最终得到 $\lambda = 1 > 0$，$\mu = \frac{1}{2} + \delta > 0$，则 $w^B - 2(e^B)^2 > w^G - 2(e^G)^2$，从而得到 $e^G = e^B$。但是肯定 $\delta = 0$，而 $\lambda = 1$，由 $2\mu - 4\delta = \frac{1}{2e^G}$，$4\lambda - 2\mu + 4\delta = \frac{1}{2e^B}$，得到 $w^B - 2(e^B)^2 > w^G - 2(e^G)^2$，从而 $\delta = 0$，那么

$\mu = 1/2$，从而得到 $e^G = 1/2$，$e^B = 1/6$，$w^B = 1/18$，$w^G = 5/18$，烟草专卖局（公司）的预期净产值为 1/6。由此可见，在区别分配下，净产值仍然有所减少，高努力者并没有获得相应的收入，他们具有伪装成低努力者的激励，因而出现了逆向选择。

综上所述，逆向选择和道德风险问题来源于烟草专卖局（公司）的集权和缺乏内部激励。解决这一问题的方法如下。第一，可以通过员工的自由流动实现高努力者和低努力者的有效配置，并设置合理的晋升机制，满足高努力者的职业发展需要。第二，建立内部绩效考核体系，如采用 360 度绩效考核法。利用绩效工资和奖励等对不同员工的表现实施区别对待，使高努力者在利益受到影响时，仍会继续表现为高努力状态以获得最大利润，即提供 $w_1 = (2e^2 + \underline{U})^2$，$w_2 = (\underline{U} - e^2)^2$ 的不同利益返还。第三，信息甄别机制的建立，让高努力者获得了信息收入，使其不愿意伪装成低努力者，而低努力者也不可能冒充高努力者，这样就使不同类型的员工获得了不同的收入，从而调动了员工的积极性，提高了办事效率，使烟草专卖局（公司）与员工组成了一个利益共同体。第四，人力资本投资也是十分必要的，个人及整体素质和技能的提升能够有效遏制偷懒和"搭便车"等行为，而利益机制的激励更能使员工自觉自愿地进行人力资本投资。第五，规制权力的过分集中也需要相关部门及社会的监督，否则逆向选择和道德风险的长期存在将滋生寻租和套利等行为。

第四节　规制产生的烟草零售商困境

我国的烟草业规制对烟草零售商产生了巨大影响，使其陷入了销售困境。

首先，烟草零售商受到《中华人民共和国烟草专卖法》的严格限制。在取得烟草专卖零售许可证后，第二十五条第二款规定"应当在当地烟草专卖批发企业进货，并接受烟草专卖许可证发证机关的监督管理"，否则将"由烟草专卖行政主管部门没收违法所得，可处以进货总额 20% 以上 50% 以下的罚款"（第六十条）。此项规定将烟草零售商变为价格接受者，通常中低档烟的批零差价只有 5% 左右，即便是高档烟，批零差价也很少超过 10%，这使香烟的零售几乎无利可图。利润被烟草批发商所占据，而从事烟草批发的基本上是烟草专卖局（公司）本身或其下属单位，导致了权力和利益的过度集中。这也成为外商进入的门槛，需要重新建立自己的零售商队伍，增加了经营成本和难度，因而世界著名烟草品牌都对我国的烟草走私行为持默许的态度。因为这属于变相宣传，在拓宽销路和带来更多利润的同时，提高了中国烟民对国外香烟品牌的忠诚度。此外，由于烟草的负外部性，广告宣传等行为被明令禁止，零售商只能依靠烟民的自由选择，而无差异的香烟品种使其只能通过顾客偏好或随机购买来营利。

其次，烟草零售商分布过于集中，无序竞争屡见不鲜。我国烟草零售商持证率较高，平均每千人中就约有 8 个烟草零售商，部分地区甚至超过 10 个，这一方面说明烟草零售规制的进一步放开，另一方面也产生了分布过于集中而导致的激烈竞争状态，进一步稀释了零售利润，这是由出售卷烟的同质化所决定的。烟草零售商又分为大、中、小三类，以资本或流通渠道控制力来衡量，通常只有大零售商才能够实现低价批发，并以坚实的财力取得"价格战"的胜利，中小零售商只有选择跟随，具体见图 5-4。考虑一个大零售商和一个中小零售商的情形，其中 H 代表高利润，M 代表普通利润，N 代表正常利润，D 代表无谓损失，L_1 和 L_2 代表损失 1 和损失 2，且 $H > M > N > D > L_1 > L_2 > 0$。

由图 5-4 可知，基于自身利益考虑，大零售商肯定会选择低价战略，而中小零售商只能选择跟随，即均衡为（低价，跟随），但造成了烟草零售利润的流失。大零售商采取的方式是掠夺性定价，虽然牺牲了部分垄断利润，却实现了"薄利多销"，并最终获得了市场

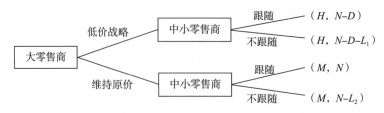

图 5-4　"价格战"中不同零售商的收益矩阵

的完全控制权，能够随意操纵价格和打击竞争对手，对中小零售商产生了"挤出效应"。此外，中小零售商之间也常常以降价的方式争夺顾客，这是因为在拥有相同商品的情况下，只能通过价格竞争获得更多利润，而"合谋"是难以实现的，最终会陷入"囚徒困境"，具体见图 5-5。考虑两个中小零售商的情形，其中 N 代表正常利润，D 代表无谓损失，A 代表额外利润，且 $N > A > D > 0$。

中小零售商 2

		降价	维持
中小零售商 1	降价	（$N-D$, $N-D$）	（$N+A-D$, $N-D$）
	维持	（$N-D$, $N+A-D$）	（N, N）

图 5-5　中小零售商之间的"价格战"收益矩阵

由图 5-5 可知，虽然（维持，维持）是最优组合，但基于各自的最优决策，最终的均衡结果是（降价，降价），即陷入了"囚徒困境"。当然，国家也采取了相应措施治理低价倾销的现象，原国家计委发布的《关于制止低价倾销行为的规定》指出，"经营者不得低于生产或经营成本出售商品，卷烟商业企业必须在保证取得合理的商业利润的基础上经营，任何商业企业有权拒绝经营亏损牌号产品，任何部门和单位不准强迫商业企业销售亏损牌号产品"。国家烟草专卖局《关于进一步加强卷烟价格管理的通知》中也要求"烟草零售商坚持顺价销售的原则，各省级局（公司）都要制定卷烟全面限价方案以及卷烟工商企业要联手保价"。地方则盛行过烟草零售的"一价制"（统一零售价），通过工商部门的公文来规定卷烟零售价。

虽然保证了大部分烟草零售商的利益，规范了市场秩序，透明化的价格也得到烟民的支持，但遭到大零售商的强烈反对，且具有制定市场价格的嫌疑，处于进退两难的境地。针对零售商的分布问题，通常只有取缔部分违法者的卷烟经营权这一种办法，可谓收效甚微，且被取缔的部分零售商变成无证经营者，因此需要对相关规章制度加以完善并进行有效的监管。随着我国烟草制品市场的开放，国内零售商还要面对跨国烟草企业的冲击，部分零售商已经变为国际卷烟品牌的中国销售点，这是需要引起重视的。因为烟草流通规制只对我国的零售商产生影响，可能会使中国烟草制品市场被跨国烟草企业完全垄断。

最后，出售走私烟和假烟问题严重。出售走私烟和假烟以中小零售商居多，在偏远落后地区尤其严重。究其原因，主要包括以下几个方面。①利益的驱使。国内出售的假烟多为"套壳"生产，普通烟民较难识别，但可以为零售商带来数倍的利润，再加上对出售走私烟的处罚并不重，面对正常香烟的低利润，部分零售商愿意铤而走险以获取高收益。②监管的缺失。除了偶尔的烟民举报或烟草专卖局（公司）突击检查外，出售走私烟或假烟的行为并没有受到有效的监管。部分监管人员还形成了与走私烟或假烟经营者的"合谋"，瓜分利益机制的存在决定了出售走私烟和假烟行为的长期存在。③充足的货源。假烟生产在我国屡禁不止，甚至还成为部分落后地区的经济支柱，大量的假烟涌入国内甚至国际市场。走私香烟的现象也十分常见，并得到了国外烟草企业的默许，同样为零售商提供了充足的货源。这些都是由监管不足和惩处力度不够造成的。我国虽然也出台了一系列整治措施，如烟台市烟草专卖局（公司）于 2004 年 1 月 1 日起施行的《卷烟零售户诚信等级化管理实施办法》，以计分累积制的方式来对相关卷烟零售户实行"红黄牌"的惩处，但收效甚微，完全消除这一不良风气的关键还在于烟草专卖局（公司）内部的改革和烟草流通规制政策的进一步完善。

第五节　烟草业规制下的地区流通困境

地区流通困境是烟草业规制的产物，是地方保护主义的结果，主要表现为烟草制品跨省流通较为困难，外部原因是专卖制度和税收政策，内部原因为本地烟草企业和地方政府的利益驱动。因此，本节通过博弈论深入分析烟草企业与地方政府之间、地方政府之间以及省域烟草企业之间的行为决策，以寻找这一问题产生的根源并加以解决。

一　烟草企业与地方政府之间的博弈

烟草企业分为本地企业和外地企业，在基于各自利益的基础上，前者与地方政府的关系是发展与扶持，后者则是进入与阻碍，因而将其一分为二进行分析。对于本地烟草企业，地方政府的扶持可谓作用巨大，通常能够使其飞速发展，从而实现双赢。然而，并不是所有的烟草企业都能够永续发展，地方政府的一味扶持只会阻碍市场的优胜劣汰，让落后的企业继续艰难生产并造成了资源的浪费。此时，实际上是地方政府设置了退出壁垒，以行政干预的方式导致了烟草企业"劣不汰"现象的发生。

对于外地烟草企业而言，地方政府的行动集是（允许，阻止），通过静态博弈分析可以得到如图 5 - 6 所示的矩阵。其中，H 代表高收入，L 代表低收入，E 为地方政府设置壁垒的花费，B 为外地企业在本地市场中的收益，C_1 为外地企业进入后缴纳的费用，C_2 为外地企业为进入该市场而支付的费用，属于进入市场的沉没成本，且 $H > L > 0$，$C_1 > 0$，$C_2 > 0$，$E > 0$。

在目前形势下，C_1 为企业正常缴纳的税费，C_2 则表现为地方政府额外征收的税费，E 为地方政府制定和实施相关政策的费用（主

		外地企业	
		进入	不进入
地方政府	允许	$(L+C_1,\ B-C_1)$	$(H,\ 0)$
	阻止	$(L-E+C_1+C_2,\ B-C_1-C_2)$	$(H-E,\ 0)$

图 5 – 6　地方政府与外地企业的收益矩阵

要是人工成本，通常较小），且 C_1 与 C_2 均远超过 E。外地企业进入后，需要与享受优惠的本地企业竞争，因此获得的收益 B 微乎其微，甚至可能为负。因此，最终均衡结果是（阻止，不进入），地方政府的封锁形成了地方割据的局面。

二　地方政府之间的博弈

众所周知，烟草能够给地方财政带来巨大的税收收入，而其特性又决定了垄断存在的必要性。地方政府会通过"无形的手"来保护本地烟草企业，以地方保护主义行为限制其他地区烟草制品的进入，从而造成我国地方主义问题严重并导致地方政府对烟草产生严重的税收依赖。各地政府分别是当地利益集团的代表，如果都开放烟草市场不仅有利于我国烟草业的整合，而且能够增加财政收入，促进我国烟草业的健康发展。但是出于自身利益最大化的考虑，各地政府将陷入地方保护主义的泥潭，即选择了"双输"的结果。通过地方政府 1 和地方政府 2 的博弈可以很好地说明这一点，具体见图 5 – 7。

		地方政府 2	
		开放市场	地方保护
地方政府 1	开放市场	$(T_1^*+t_1,\ T_2^*+t_2)$	$(T_1^*+t_1,\ T_2')$
	地方保护	$(T_1',\ T_2^*+t_2)$	$(T_1,\ T_2)$

图 5 – 7　地方政府之间的收益矩阵

其中，T_1 和 T_2 表示政府在封闭市场中获得的税收，T_1^* 和 T_2^* 表示开放市场后本地烟草企业需要缴纳的税收，T_1' 和 T_2' 表示本地烟草企业进入外地市场时需要缴纳的税收，t_1 和 t_2 则表示外地烟草企业进入本地市场时需要缴纳的税收。由于外地产品的进入和征税方式是基于烟草公司的利润，因而 T_1^* 和 T_2^* 会低于 T_1 和 T_2 且逐年减少，T_1' 和 T_2' 则会高于 T_1 和 T_2 且高于 $T_1^* + t_1$ 和 $T_2^* + t_2$。此时，出于自身利益的考虑，地方政府 1 和地方政府 2 肯定会选择（地方保护，地方保护），从而陷入地方保护主义的泥潭而放弃提高社会总福利及长期共赢的（开放市场，开放市场）决策。

三　省域烟草企业之间的博弈

省域烟草企业之间的博弈是建立在开放市场基础之上的，外地企业在进入本地市场后，面临与本地企业的竞争。假设本地企业没有得到额外的优惠，即进行公平竞争，但受信息不对称的影响，外地企业还是处在进退两难的境地。我们考虑完全信息的情况。完全信息意味着信息是对称的，所有企业都知道对方的情况。本地企业的决策集为（扩展，不扩展），外地企业则为（进入，不进入）。扩展设备具有高成本和低成本两种，于是就出现了如图 5 - 8 所示的矩阵。其中，G 代表本地市场的企业分享收益，I 代表本地企业扩展后的分享收益，假设 $I = 2G$，且 $G > 0$，$I > 0$。

		外地企业	
		进入	不进入
低成本：本地企业	扩展	$(I, -G)$	$(2I, 0)$
	不扩展	(G, G)	$(3G, 0)$

		外地企业	
		进入	不进入
高成本：本地企业	扩展	$(-G, -G)$	$(0, 0)$
	不扩展	(G, G)	$(3G, 0)$

图 5 - 8　高成本与低成本情况下企业间的纳什收益矩阵

本地企业的扩展战略其实是对进入企业的一个威胁，虽然能够增加产量，但也面临成本问题，因而均衡结果为低成本（扩展，不进入），高成本（不扩展，进入）。只有在高成本条件下，外地企业进入该市场才是最优选择。

在现实中，本地企业的扩展成本都是不公开的，表现为企业间存在信息不对称的情形，且企业的行动也具有先后顺序。对于这种情形，我们无法进行博弈分析，因而需要通过海萨尼转换将其变为完全但不完美信息博弈。首先，自然赋予本地企业的成本类型即私人信息；其次，博弈双方基于自身利益依次行动；最后，得到二者的策略和外地企业的期望收益。具体可以通过博弈树来分析（见图5-9）。其中，G代表本地市场的企业分享收益，I代表本地企业扩展后的分享收益，假设$I=2G$，且$G>0$，$I>0$。

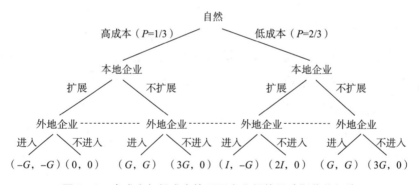

图5-9　高成本与低成本情况下企业间的贝叶斯收益矩阵

由此可以计算出外地企业的期望收益为（进入：$1/3G-2/3G$，不进入：$0\times1/3+0\times2/3$），可知进入的$-1/3G<0$。因此，贝叶斯均衡可简化为：不进入，（不扩展，扩展），其中（不扩展，扩展）为本地企业的占优策略。

综上所述，即使在开放市场，外地企业也很可能基于自身利益而以"不进入"作为其最优行动策略，这成为省域流通困境的内在原因。

第六节　烟草业规制的积极调控作用
及其带来的不利影响

一　烟草业规制的积极调控作用

烟草的特性决定了其在生产经营过程中会因追求企业利益最大化而损害烟农的利益，因此只依靠市场的力量是无法实现健康发展的，只有发挥规制的作用才能很好地控制烟草企业和烟草制品的数量，维护烟农的利益并增加其收入。政府的参与必不可少，这是由我国公有制体制和烟草的上瘾性及高利税性等决定的。如果完全交给市场，则公司属于强势群体；如果以收益或利润最大化为目标，则烟农是弱势群体且具有分散性。这样将激发各种矛盾，最终导致市场混乱。

首先，考虑公司对烟农的行为。如果将公司分为好公司和坏公司，其中好公司会帮助烟农抵御市场风险，在市场需求急剧下降的情况下也坚持按计划收购，坏公司则转嫁市场风险甚至通过压低市场价格来谋取更高的利润。假设好公司与坏公司的概率都是 1/2，供应坏公司的收益为 R_3（$R_1 > R_2 > R_3$），好公司、坏公司与烟农的博弈矩阵见图 5-10。其中，$B_2 > B_1 > 0$，$R_1 > R_2 > R_3 > 0$，C 为运营成本，且 $C > 0$。

烟农的预期收益仅为 $1/2R_1 + 1/2R_3 < R_2$（即便是好公司也只能提供比市场价略高的收购价，而坏公司则会将价格压得比市场价低很多），因此烟农不太愿意加入这种模式。由于市场价格经常波动，公司就采取契约的形式约束烟农一定要向自己提供产品或者隐瞒市场价格信息（在信息化的今天难以实现），而一旦将烟农控制后又会产生压低价格的道德风险，这是由公司最大化自身利益的动机决定的。如果没有政府的支持和保护，烟农与公司抗争通常显得无力，而只能期盼其为好公司，但往往事与愿违。

好公司		烟农	
		供应	不供应（自销）
	收购	(B_1, R_1)	$(-C, R_2)$
	不收购	$(0, 0)$	$(0, R_2)$

坏公司		烟农	
		供应	不供应（自销）
	收购	(B_2, R_3)	$(-C, R_2)$
	不收购	$(0, 0)$	$(0, R_2)$

图 5 – 10 好公司、坏公司与烟农的博弈矩阵

其次，假设公司均为好公司，而烟农有好烟农和坏烟农（不按契约供应产品）之分，那么道德风险再次产生。在坏烟农存在的条件下，公司无法收购到应得的烟叶而导致无法营利甚至亏损直至破产，这会使好烟农的利益也受到损害。公司与烟农通常是两阶段博弈（订立契约且公司首先提供收购），那么二者的博弈树见图 5 – 11。

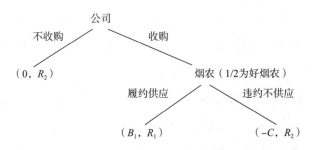

图 5 – 11 公司与好烟农、坏烟农博弈树

如果 $1/2B < 1/2C$，那么根据逆向归纳解，公司将选择不收购。一个较好的解决方法是如果烟农不愿将烟叶卖给公司，公司则从市场购买相应数量的产品用于销售，并将债务记在该烟农名下，刚好与其自行出售烟叶获得的利润相抵消，或者如我国所实行的强制让烟农将烟叶卖给公司。否则，将产生坏烟农驱逐好烟农的"柠檬市场"，最终导致烟叶市场的混乱。

政府在这一过程中起着中介者和管理者的作用，首先是政府选择公司（公司有好坏之分），其次是公司进行决策，最后才到烟农。政府参与后的公司和烟农博弈树见图 5 - 12。不考虑政府的收益，其中，$B_2 > B_1 > 0$，$R_1 > R_2 > R_3 > 0$，R_2 为自销收益。

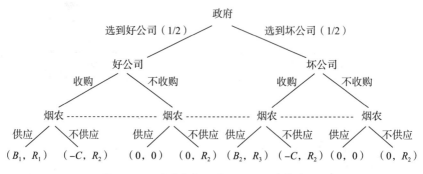

图 5 - 12　政府参与后的公司和烟农博弈树

此时，烟农供应的收益依旧为 $1/2R_1 + 1/2R_3$，而不供应的收益为 $1/2R_2 + 1/2R_2 = R_2$，依旧会选择不供应。因此，政府的作用应是消除这一不确定性，选择符合地方发展的公司（即好公司）。这就要求当地政府必须考虑长远利益和烟农利益，而不是一味地追求政绩和当地经济发展。如张五常（2009）所述，如今中国的地方政府形成了类似于董事长或经理的格局，每个地区类似于一个大企业。

因此，烟草的特殊性使我国形成了地方政府、烟草企业、烟农"三位一体"的模式，加上统一收购（自销属于违法），构成了"公司＋烟农＋地方政府"的联产承包责任制。根据青木昌彦（2005）的论证，还应该保证进入和退出自由，不能让公司完全控制烟农，在政策和支持力度上对烟农有一定的倾斜。

二　烟草业规制带来的不利影响

烟叶属于特殊的经济作物，我国是以公有制为主体的社会主义国家，坚持社会主义市场经济，需要国家对经济进行宏观调控，尤其是对烟叶种植环节的规制。国家对种植环节的规制以"双控"政策为代表，通过对烟叶种植面积和收购数量的控制来限制烟草业的过度发展，保护了基本的粮食种植用地。我国出台的种植、收购等措施有效地规范了烟草业，然而却对农民收入尤其是烟农的收入造成了极大的冲击，在实际中出现了政策结果悖论，使烟叶种植面积非减反增。

烟草在种植环节以烤烟为主，国家在 1998 年实行"双控"政策，烤烟的种植面积和产量都受到了严格控制，然而随后却出现不减反增的问题。这一现象的出现不能归因于地方政府的控制不力，而应该是利己性、理性因素驱使的结果。众所周知，烤烟生产会给地方财政带来巨大的税收收入，并且给烟农带来相比普通作物更高的收益。那么在种植面积既定的条件下，下属的各级区县就会出现单个烟农与地方政府博弈的情况（见图 5-13）。其中，P 代表地方政府获得的税收收益，L 代表烟农依法出售烤烟获得的收益，n 为大于 0 的实数。

		烟农（单个）	
		超额种植	不超额种植
地方政府	同意超额种植	(P, L)	$(P, 0)$ （注：此时其他烟农会超额种植）
	反对超额种植	$(0, nL)$ （注：黑市交易）	$(0, 0)$

图 5-13　单个烟农与地方政府的博弈矩阵

在这个博弈中，因为烟农种植获得的收益一定大于其税收，否则其没有种植的动机，因而 $L > P$（其中 $P \geqslant 0$，$L \geqslant 0$）。很明显，地方政府和烟农的最佳决策都是超额种植［（同意超额种植，超额种植）的战略集合］，而国家希望的最优行动组合则是（反对超额种植，不超额种植）的战略集合。此外，本书分析的只是地方的静态一次博弈，如果加入时间因素和各个地区的加总效应，这一现象将更加明显，所以国家的"双控"政策在第一年压制后反而会使烤烟种植面积增加，从而出现了与政策相悖的结果。

第七节 案例：烟草业规制的"双控"政策效应分析
——以云南省玉溪市为例

"双控"政策是我国烟草业规制的代表性措施。本书从生产种植环节入手，选取云南省玉溪市作为研究对象，结合笔者的实习经历和相关调查数据，分析该地区烤烟生产在国家规制（主要为"双控"政策）下的发展情况。

云南省玉溪市地处滇中腹地，低纬度高海拔，气候温和，光照充足，昼夜温差大，降雨量适中，土壤多为酸性红壤，是烤烟生产的最适宜区。所产烟叶油润硕大，色泽金黄，香味浓郁醇正，素有"云烟之乡"的美称，名扬国内外。[1] 集烤烟生产、加工、销售于一体的红塔集团也位于玉溪市中心，每年创利十分可观，2010 年集团实现产品销售收入 442.52 亿元，省内合并实现利税 336.1 亿元。烟草业产值长期占玉溪市 GDP 的 50% 以上，税收更是占到全市财政总收入的 80% 以上。可见，烟草业已经成为玉溪市的支柱产业，因此本书选择该地来分析国家"双控"政策的实施情况。

首先，对比 2006 年烟叶和水稻种植的成本和收益（见表 5-5）。

表 5-5 2006 年玉溪市水稻、田烟、地烟成本收益情况

名称	亩产（公斤）	亩产值（元）	亩成本（元）	亩净利润（元）	单价（元/公斤）
水稻	647.22	1049.70	629.30	420.40	1.62
田烟	161.63	1845.03	1102.38	742.65	11.42
地烟	131.23	1418.43	791.14	627.28	10.81

资料来源：玉溪市农经站。

---

[1] 玉溪市农经站：《烤烟发展中投入产出分析》，《中国优质烟发展的道路》，2006，第 22~37 页。

表 5 - 5 中水稻数据是在八县一区中选择 17 个点和 75 户烟农进行核算；烤烟按照栽种土地的不同分为田烟和地烟两种，田烟数据是在八县一区中选择 19 个点和 81 户烟农进行核算，地烟数据是在八县一区中选择 18 个点和 78 户烟农进行核算。由表 5 - 5 可知，种植烟叶和水稻的各项指标都具有显著差异，且前者收益较大。由于 2006 年烤烟栽培的前期干旱，后期长时间阴雨，影响了烟叶的产量和质量。由此可知，烤烟栽培不像水稻那样对气候的适应性极强，它需要更加苛刻的环境条件，因而需要通过品种改良和自然环境改造等来弥补烤烟的这一不足。

其次，对种植烤烟的成本和收益进行纵向分析，以更好地了解烟叶生产的变动情况。笔者在实习期间收集了 1986～1994 年的相关数据，从变化趋势上可以看出其中存在的问题（见表 5 - 6）。

表 5 - 6　1986～1994 年玉溪市烤烟生产情况

年份	烤烟面积（亩）	烤烟亩产（公斤/亩）	烤烟总产量（万公斤）	中上等烟比例（%）	其中上等烟比例（%）	平均收购价（元/公斤）
1986	350068	132	4612	73.89	14.29	2.190
1987	361222	144	5224	79.34	23.54	2.756
1988	471768	143	6750	83.48	36.26	3.200
1989	476748	118	5636	80.08	32.31	2.970
1990	406706	114	5318	75.59	29.77	2.934
1991	481614	152	7313	76.34	29.10	2.966
1992	528466	163	8593	81.86	33.34	3.168
1993	627132	165	10343	83.48	28.08	3.528
1994	622005	130	8408	89.24	37.67	5.126

资料来源：玉溪市农经站。

近年来科学技术的推广和运用，如薄膜育秧、地膜覆盖、塑料营养袋等科技措施的推行，以及培育壮苗、合理密植、施用烤烟专用复合肥等，使烟叶质量大大提高。1986~1994 年，玉溪市烤烟种植面积由 350068 亩扩大到 622005 亩，增长 77.68%；烤烟总产量由 4612 万公斤增加到 8408 万公斤，增长 82.31%；中上等烟比例由 73.89% 提高到 89.24%，其中上等烟比例由 14.29% 提高到 37.67%。可见，烤烟产量和质量都有了极大提高，这与农民辛勤劳动和政府相关部门的支持息息相关。但是，上等烟比例还有待进一步提高，这就需要引进新的生产技术，如津巴布韦的烟叶生产，其轮作制度、施肥技术、育苗和壮苗技术都值得学习。最严重的问题在于烤烟的品种结构单一，云南烤烟种植品种以红花大金元、G-28 和 K326 为主，而津巴布韦拥有 K35、K36、K37 和 K40 等 15 个烤烟优良品种。[1] 因此，建立良种研究供应体系迫在眉睫。此外，烟草收购价格的变化较小是因为规制一直存在，这虽然有利于烟叶市场的稳定，但是不利于调动农民的积极性以及实现农民减负增收。科学技术是第一生产力，应该把品种改良、相关种植技术的推广以及机械化工具的使用作为今后烤烟生产的重中之重。

1986~1994 年，烤烟亩成本和每公斤成本总体呈现逐年上升趋势（见表 5-7、图 5-14）。虽然物价的上涨导致原料和肥料成本的增加，但问题的根源在于人工费用的急剧攀升。这说明应该使用其他更为廉价有效的生产要素来替代劳动力，或者可以从其他地区引进更廉价的劳动力。在短时期内改变劳动密集型的烟叶生产方式是不太可能的，而从外地引进可以降低成本，能够在一段时间内抑制人工费用的增加。这就需要确保劳动力的自由流动，消除地方保护主义，引入竞争，当然还需要政府的大力支持。

---

① 周冀衡等：《津巴布韦烤烟生产技术现状分析》，《烟草农业科学》2006 年第 2 期，第 113~117 页。

表 5 - 7　1986～1994 年玉溪市烤烟成本变动情况

年份	亩成本（元/亩）	每公斤成本（元/公斤）
1986	154.98	1.24
1987	207.04	1.26
1988	251.48	1.69
1989	276.15	1.91
1990	297.54	2.27
1991	328.15	2.02
1992	386.38	2.30
1993	487.97	2.94
1994	594.25	4.38

资料来源：玉溪市农经站。

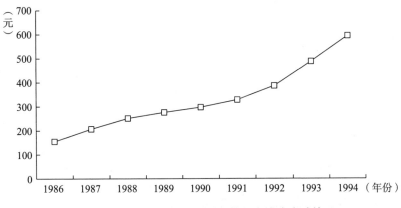

图 5 - 14　1986～1994 年玉溪市烤烟亩成本变动情况

由表 5 - 8 可知，烤烟成本以人工费用为主，占成本总额的近 2/3，这反映了现阶段烤烟是用工量较大的劳动密集型作物。1990 年前，人工费用增长比较快，占总成本的比重总体呈上升趋势；1990 年后，人工费用增长势头减弱，占总成本的比重总体呈下降趋势。相反，物质费用在 1990 年前增长较慢，占总成本的比重总体呈下降趋势；1990 年后增长变快，占总成本的比重总体呈上升趋势。这反映了农用生产资料价格的上涨以及农业物质投入的增加，这与我国经济的发展是密切相关的。为了降低烟叶生产成本，需要大力削减人工费用，并通过健全市场机制及结合政府的宏观调控来维护烟叶价格的稳定。与国外的烤烟相比，如津巴布韦出口的优质烟叶的离岸价格为 2 美元/公斤，折合人民币约为 16.50 元/公斤，而我国的优质烟叶价格为 25 元/公斤。[①] 由此可见，由于成本较高，我国烟草业的抗外来竞争能力较弱，而加入 WTO 后，我国将面临更大的竞争压力，降低成本的要求十分迫切，关键在于烟叶生产、收购和销售的市场化改革。

表 5 – 8 1986 ~ 1994 年玉溪市烤烟成本构成变动情况

单位：元/亩，%

年份	物质费用		人工费用	
	金额	占总成本比重	金额	占总成本比重
1986	63.30	40.8	91.86	59.2
1987	70.33	34.0	136.71	64.0
1988	90.72	36.1	160.76	63.9
1989	95.33	34.5	180.82	65.5
1990	98.57	33.1	198.97	66.9
1991	128.11	39.0	200.04	61.0
1992	152.55	39.5	233.83	60.5
1993	217.91	44.7	270.07	55.3
1994	229.02	38.5	365.23	61.5

资料来源：玉溪市农经站。

"双控"政策的影响，主要表现为给玉溪市地方财政和当地烟农收入造成了极大的冲击，但在一定程度上控制了烤烟面积，提高了烤烟质量，并保证了粮食等其他作物的种植。

---

① 张兴：《云南烟草工业提高经济效益对策探讨》，昆明理工大学硕士学位论文，2002，第 1 ~ 9 页。

一 "双控"政策的积极导向作用

烟叶属于高投入、高产出的经济作物,"双控"政策使玉溪市烤烟生产的重心转向提高烟叶质量和效益,认真贯彻实施《玉溪优质烤烟综合标准》,调整和优化品种种植结构,促进烤烟的可持续发展。

(一)抑制了烤烟种植面积剧增的局面,与市场一起优化配置土地资源

随着云南省玉溪市红塔集团的发展和壮大,对烤烟的需求日益增加,尤其是优质烟叶,引发了玉溪市烤烟种植的热潮,但遗憾的是烟农都是重视数量的,只希望以量多实现增收,从而引发了烤烟种植面积剧增的局面。1990~1998年玉溪市烤烟种植面积变动情况见表5-9。

表5-9 1990~1998年玉溪市烤烟种植面积变动情况

单位:万亩

指标	1990年	1991年	1992年	1993年	1994年	1995年	1996年	1997年	1998年
烤烟种植面积	40.67	48.16	52.85	62.71	62.2	60.46	63.05	68.11	45.61

资料来源:《玉溪统计年鉴》(1990~1999年)。

首先,国家的"双控"政策有效抑制了烤烟种植面积剧增的趋势,促进了土地资源的优化配置,也防止了劳动力、物质生产资料、资金等资源的浪费。众所周知,烤烟是一种高投入、高产出的经济作物,其较高的成本不适于进行粗放型生产。通过表5-10的对比分析,可以得知集约型生产和重视烤烟质量的重要性。

表 5 – 10　2007 年玉溪市水稻、烤烟成本产出对比

项目		水稻	田烟	地烟
面积（亩）		188.47	133.46	410.90
单产（公斤）		647.22	161.63	131.23
总产（公斤）		121981.80	21570.76	53923.56
物质与服务费用	合计（元）	44133.12	60418.88	127981.00
	每亩平均（元）	234.17	452.71	311.47
人工费用	用工数（个）	4126.45	5183.28	14756.65
	每亩平均（元）	273.86	467.82	415.24
	人工费用（元）	51614.19	62434.74	170621.87
核算面积（亩）		188.47	133.46	410.90
化肥费用（元）		17092.25	15392.77	40152.51
化肥施用量（公斤）		16225.20	12024.90	35945.70

资料来源：玉溪市农经站。

从表 5 – 10 可以看出，烤烟首先存在单产较低的问题，因此实行集约型生产是十分必要的。品种的改良、新的栽培技术的引进和机械的使用，能够提高效率，增加单产，如日本的集约型农业依靠生物技术和相关的机器设备，既节省了人力和物力，又提高了产量。

其次，地烟的种植存在地域问题。由于地烟固有的自然条件较差，需要大量的投入，从而增加了成本，如果其产值只是略大于生产成本甚至不能抵消成本，那么在该区域栽种地烟是极其不理性的。

最后，烤烟生产需要的劳动力投入也较多，人工费用远远高于水稻。国家的"双控"政策确保了地区选择的合理性，而不是盲目种植，是对资源的优化配置。一旦烤烟种植成本大于收益，退耕还林还草就更加合适，因为它具有较大的生态效益。这一政策可能会使部分山区、半山区农民的收入受到影响，但盲目种植的社会成本是巨大的，政府应引导其发展林业等因地制宜的产业。

此外，对种植面积的控制将引导地方政府和烟农朝着提高单产和质量方向努力，使烤烟生产从粗放型转向集约型，以质取胜，并

且减少了相关资源的损耗，实现烤烟的产业化发展。

（二）烤烟质量明显提高，逐步朝着产业化方向发展

在"双控"政策的指导下，玉溪市的烤烟质量有了明显提高。烤烟的上等烟收购比例从 1998 年的 28% 左右增长到 2007 年的 52.3%，10 年间几乎增长了 1 倍。到 2008 年底，云南省玉溪市已经基本实现了政府、企业、烟草公司、烟农的"四满意"，本着"努力推动传统烟叶生产向现代烟草农业转变"的工作方针，努力推广实用新技术和烤烟科技研究创新，学习国际先进烤烟生产技术，增强国际市场竞争力，到 2009 年按照市政府"缩点扩面"的要求进一步整合市、县、乡三级联产联质承包体制。此外，玉溪市还实施烤烟的产品差异化战略，2008 年的烤烟品种种植，原则上实行"一县一品"，扩大红花大金元、NC297 和 K326 品种种植比例，以突出质量为主，进行合理布局，优化品种结构。玉溪市的烤烟生产，以国家政策为指导，以红塔集团为依托，不断推进其产业化进程。

（三）政府宏观调控的巨大作用和畜牧业的快速发展

烤烟生产一直是玉溪市农业发展的重点，基于红塔集团的产业优势，烤烟将成为建设农村小康社会和增加农民收入的有效推动力。但是烟草业一直处于被规制状态，再加上烤烟能够为地方政府带来大量税收收入，所以容易发生强迫农民种植烤烟的现象。2004～2008 年红塔集团税收与玉溪市财政收入对比见表 5-11。

表 5-11　2004~2008 年红塔集团税收与玉溪市财政收入对比

单位：万元，%

年份	玉溪市财政收入	红塔集团税收	所占比重
2004	1447226	1194734	82.55
2005	1429790	1094647	76.56
2006	1620541	1451397	89.56

年份	玉溪市财政收入	红塔集团税收	所占比重
2007	1937574	1437720	74.20
2008	2364278	1665710	70.45

资料来源:《玉溪统计年鉴》(2004～2008年)。

可见,玉溪市对烟草产生了地方财税依赖。玉溪市自2002年起不断增加烤烟的种植面积,单产反而不断下降,这对农村经济发展和农民增收的作用甚微。值得庆幸的是,2007年以来,玉溪市政府对烤烟面积进行了规划,在一定程度上缩小了烤烟种植面积,变为55万亩,而将注意力放在提高烤烟质量等方面,大大增加了农民的人均纯收入。

虽然在2006年以前政府支持的方向偏向增加种植面积和提高单产,但从起步阶段和持续增长阶段来看,政府支持能够有力地促进烤烟生产的发展。

政府的财政投入力度从1986年开始逐年加大,投入金额逐渐趋近于烟农的投入,可见其支持力度较大,这也充分说明玉溪市政府对烤烟的重视。由此可知,对于受计划经济控制的烤烟生产,政府的政策导向至关重要,甚至可以认为"成也政策,败也政策"。而以市场为导向,结合政府的宏观调控,将"无形的手"和"有形的手"结合起来,是农民致富、走上小康之路的最佳途径。

在"烟草兴市"的同时,玉溪市政府并没有将目光局限于烤烟的种植上,而是大力发展了相对落后的畜牧业。事实证明,此举大大促进了农业总产值和农民人均纯收入的增加。玉溪市的正确决策使农民从市场的旺盛需求中获得了巨大的收益,尤其是2007年市场生猪价格的上涨让养猪户的收入剧增。2007年,玉溪市肥猪出栏190万头,比2002年的139万头增加51万头,增长36.7%;全市肥猪出栏率达130%,比2002年的119.8%提高10.2个百分点;全市共生产仔猪260万头,比2002年的200万头增加60万头,增长

30%。① 这既保证了生猪市场的供给，又增加了养猪户的收入，实现了双赢。

根据玉溪市农业局和统计局的资料，笔者选取 2002～2007 年的相关数据来分析畜牧业对农业的贡献（见表 5－12）。

表 5－12　2002～2007 年玉溪市畜牧业产值与农业总产值的关系

单位：亿元

年份	农业总产值	畜牧业产值
2002	47.6	14.8
2003	50.7	16.3
2004	60.0	20.4
2005	65.3	22.1
2006	72.5	26.7
2007	82.5	30.3

资料来源：《玉溪统计年鉴》（2002～2007 年）。

通过计算可得出畜牧业产值与农业总产值的 Pearson 相关系数为 0.997，呈现正相关关系，畜牧业的大力投入与发展对增加农业总产值意义重大。而且畜牧业产值占农业总产值的比重由 2002 年的 31.1% 提高到 2007 年的 36.7%，足以说明其发展迅速和政府足够重视。发展畜牧业对增加农民人均纯收入也效果显著，2007 年农民人均畜牧业纯收入为 413 元，占该年农民人均纯收入的 10.3%。2007 年生猪价格的飞涨更是给养猪户带来了实惠，给他们带来了意外的惊喜，从而更加支持政府发展畜牧业的决策。

总之，"双控"政策使畜牧业迅速发展，给农村经济和农民收入带来了福音，将大力推动农村小康社会的建设进程。

二　"双控"政策对烤烟发展的不利影响

"烟草兴、玉溪兴"，烤烟生产一直是云南省玉溪市工作的核心

① 《玉溪统计年鉴 2007》。

任务。1998 年国家开始实行"双控"政策，使当地的烤烟生产在当年出现了剧烈震荡，烤烟产业遇到了前所未有的困难，出现了烟农减产减收、地方财政缩减、烟草企业亏损的局面，笔者将其称为"双控"政策的冲击作用。

（一）烤烟种植面积只在短期内减少，控制种植面积的目标未能很好实现

"双控"政策的调控作用仅限于短期，烤烟种植呈现先减后增的时间波动趋势，未能达到政策的预期目标，且对地方经济和烟农都造成了巨大冲击。1995～2010 年玉溪市烤烟种植面积和产量统计见表 5 - 13。

表 5 - 13　1995～2010 年玉溪市烤烟种植面积和产量统计

年份	烤烟种植面积（万亩）	烤烟单产（公斤）	烤烟总产（万公斤）
1995	60.46	161	9754
1996	63.05	164	10353
1997	68.11	163	11077
1998	45.61	147	6713
1999	55.91	158	8821
2000	62.29	170	10568
2001	57.28	145	8330
2002	59.41	158	9382
2003	63.01	138	8699
2004	71.92	144	10334
2005	76.68	143	11000
2006	71.85	138	9935
2007	70.80	139	9862
2008	75.09	143	10736
2009	68.66	145	9966
2010	72.21	145	10497

资料来源：《玉溪统计年鉴》（1995～2010 年）。

由表 5 - 13 可知，在 1998 年"双控"政策的冲击下，烤烟种植面积、烤烟单产和烤烟总产出现急剧回落，此后才逐渐朝着 1998 年以前的水平恢复。但政策并没有产生预期的效果，烤烟种植面积还是逐渐回到以前的状态，该政策只是缓解了烤烟种植面积急剧增加的趋势。更为严重的是，烤烟种植面积在 1998 年受控达到最低值后不断反弹，逐渐恢复甚至超过了以前的年份。这并不是说明玉溪市政府没有执行国家政策，相反，玉溪市政府严格遵守国家及云南省政府的指示，严格规定种烟面积和数量，玉溪市烟草公司也严格按要求与烟农签订合同，做到合同签订、入户、执行率 100%。该现象的产生是由于受地区经济和烟农自身利益的影响，再加上监督和执法不严，存在与政策"打擦边球"甚至违反相关政策法规的行为。从另一角度看，规制的实施必然导致既得利益者的损失，他们的行为决策也是在想方设法维护自身利益。

（二）产生的粮食种植面积缩减问题

在烤烟种植面积回升的同时，玉溪市粮食作物种植面积在 1998 年达到最高值后反而迅速减少，这对稳定粮食产量也十分不利，意料之外的是蔬菜产业呈现迅速发展的态势（见表 5 - 14）。

表 5 - 14　1995 ~ 2010 年玉溪市烤烟、粮食作物及蔬菜种植面积对比

年份	烤烟种植面积 （万亩）	粮食作物种植面积 （万亩）	蔬菜种植面积 （万亩）
1995	60.46	194.94	16.65
1996	63.05	196.94	16.73
1997	68.11	192.18	17.64
1998	45.61	200.13	21.40
1999	55.91	185.09	26.62
2000	62.29	170.45	35.58
2001	57.28	162.96	44.92

续表

年份	烤烟种植面积 （万亩）	粮食作物种植面积 （万亩）	蔬菜种植面积 （万亩）
2002	59.41	152.61	51.69
2003	63.01	142.32	57.12
2004	71.92	132.05	57.89
2005	76.68	131.49	56.87
2006	71.85	133.09	63.68
2007	70.80	135.46	71.58
2008	75.09	142.31	73.37
2009	68.66	143.35	72.35
2010	72.21	144.84	82.13

资料来源：《玉溪统计年鉴》（1995~2010年），其中2010年数据来自玉溪统计数据网。

可见，"双控"政策促进了蔬菜产业的快速发展，2005年底蔬菜种植面积达到了56.87万亩，但粮食作物种植面积减少，2005年底降到了131.49万。当种植烤烟收入下降时，农民会转向种植其他作物，如蔬菜、花卉（2009年其产值突破10亿元），而不是种植粮食，因为种粮的收入更低，农民会根据收入的多少做出符合自身利益的理性决策。这样就与预期目标相背离，"双控"政策并未起到扭转粮食种植面积急剧下降趋势的作用。因此，国家在进行烤烟规制的同时，必须同步出台稳定粮食种植面积的政策，与市场的配置作用相互协调，才能实现既定的目标。

（三）农民收入增速放缓

由于玉溪市的特殊地理位置和地貌特征，该市农民收入中只有约20%来自粮食，而35%来自烤烟，可知其收入的大部分来自烟草种植。"双控"政策的实施导致农民收入增速放缓，更为严重的是一些以烤烟种植为主的山区或半山区农民收入甚至出现了负增长。这一情况可以从1995~2010年玉溪市农民人均纯收入及其增长率的变化中看出（见图 5 – 15）。

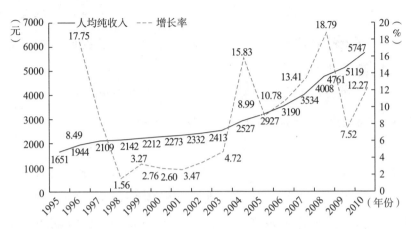

图 5 – 15　1995 ~ 2010 年玉溪市农民人均纯收入及其增长率
资料来源：玉溪市农经站和玉溪市统计局。

从图 5 – 15 可以看出，1998 年刚好成为玉溪市农民人均纯收入增长的一个"拐点"。值得注意的是，自 1992 年 1 月 1 日开始施行《中华人民共和国烟草专卖法》以来，玉溪市农民人均收入呈现显著增长，因此国家规制并没有导致农民收入下降。政府与企业致力于提高烟农积极性和加大研发力度后，2004 年又成为另一个"拐点"，农民人均纯收入迅速增加，这也反驳了部分学者的烤烟规制不利论。需要说明的是，1998 年的"双控"政策带来了收入的冲击效应，需要对其进行调整，切实保证农民收入的稳定增长。

此外，玉溪市农业生产的人力资源严重不足，且地区差异性较大，"双控"政策在控制面积的同时并没有加大人力资本投资。人力资本是极其重要的生产要素，舒尔茨（1960）将人力资本作为农业经济增长的重要源泉。关于农村的人力资本投资，关键在于让农民掌握先进的现代生产要素。作为其中间环节的相关机构和农经人员就显得极为重要。玉溪市的农经机构只设置于市区，这说明机构设置的不足，但从节省支出和解决机构设置冗余的方面来说，只设置一个机构也是明智的选择。问题在于农经人员的设置，主要表现为：

①农经人员的总数明显不足，尤其是高级农经人员；②农经人员地区分布不均，这将造成地区差异明显拉大。烟叶生产具有较强的技术性，对环境的要求十分严格，而农经机构和人员的设置将严重影响烟叶的数量和产量。

众所周知，新生产要素的传播是需要很多时间和精力的，而对于知识储备不足的农民来说，更需要相关部门和农经人员的支持。对于烟叶生产而言，水热条件必须在适当的时候保持充分，缺乏或过量都将对其造成极大损害，如2006年的烤烟减产就是由栽种前期干旱、后期阴雨造成的。可见，烟叶栽种需要相关部门和农经人员提供相关信息并进行技术指导，而烟叶种子的选购以及病虫害的防治同样富有极强的技术性。在人员培训方面，玉溪市农业生产虽然是农业部门中做得较好的，2006年共培训14947人次，但仍存在地区间差异较大的问题。此外，资金是农业发展的保障，对于投资大和见效慢的烟叶生产来说，资金核算尤为重要，涉及烟叶收购时农民、企业、政府和国家的经济利益，因此需要大力引进会计人员尤其是高级会计师，并加强培训。

综上所述，"双控"政策的实施，不仅给玉溪市烟草业的发展带来了不利影响，而且加剧了粮食种植面积的缩减趋势。基于利己性，在烤烟受规制后，农民会转向种植蔬菜、花卉等有利可图的作物，而在收入减少的情况下更不会去种植粮食。但是，烟叶作为具有上瘾性和危害性的农产品，规制是必需的，因为它具有负外部性，会增加社会成本，最好的方式是国家规制与市场机制完美配合，实现"看不见的手"和"看得见的手"的有机结合。

第八节　本章小结

本章是中国烟草业规制的政策效应和影响分析，主要采用实证研究和案例分析相结合的方法。首先，利用 PLS – SEM 模型研究了影响我国烟草生产的相关因素，测度了内外部因素的交互影响程度，其中烟叶税的影响最大。其次，分析了规制对流通竞争力的影响，结合主成分分析法和偏最小二乘法，基于云南省 X 烟草的数据进行流通竞争力的实证研究，测度了资本运营、人力资本、科研、品牌、市场竞争和外地烟比重等因素的影响，结果发现资本结构、人力资本和研发的影响显著，同时揭示了流通竞争力和地方财政相互促进的现状，并讨论了规制执行者即烟草专卖局（公司）内部的道德风险和逆向选择问题，发现在缺乏激励的环境下，高努力者会选择低努力或伪装成低努力者。再次，讨论了规制下的烟草零售商困境，并利用博弈论分析了中小零售商在无序竞争中只能作为大零售商的附庸或相互之间进行低价厮杀，而走私烟和假烟问题则与零售商困境和烟草专卖局（公司）监管缺失密切相关。同时，利用博弈论分析了烟草企业与地方政府之间、地方政府之间和省域烟草企业之间的行为决策，证明烟草业规制导致了严重的地方保护主义，从而造成了烟草的地区流通困境。最后，利用博弈论分析得出生产规制在控烟和维护烟农利益方面起到了积极的作用，但也带来了烟叶种植面积非减反增的不利影响。此外，本章还通过云南省玉溪市的案例来分析烟草规制中的"双控"政策效应，讨论了其带来的积极导向作用和不利影响，实现了理论和实践的有机结合。通过研究可以发现规制对烟草业的影响巨大，规制措施需要进一步完善，主要包括：确保烟草市场公平竞争；烟叶税退出历史舞台；改革规制主体的内部激励机制并设置监督机构；提供烟草优良品种和技术支持；提高烟草企业的流通竞争力；协调烟草流通中各市场主体之间的利益关系；等等。

第六章　中国烟草业规制存在的问题分析

第一节　烟草业规制的政策悖论

烟草专卖制度可以说是计划经济的产物且一直沿用至今，我国实行的烟草专卖专营对控制烟草业的过度发展、保护国内烟草市场稳定和人民身体健康具有显著作用，维护了社会稳定并实现了经济平稳健康发展。尤其是对烟叶种植与收购的规范和指导，能够防止跨国烟草巨头的控制，保证原材料的有效供给。然而烟叶规制并没有完全杜绝烟叶盲目种植的现象，反而产生了道德风险、逆向选择、寻租等问题，这不利于我国烟草业的健康发展，而且将威胁到粮食安全。我国历来以种植烤烟为主，国家在 1998 年开始实行"双控"政策，烤烟的种植面积和产量都受到了严格控制，然而随后却出现不减反增的问题。以云南省玉溪市为例，1998 年烤烟种植面积减少到 45.61 万亩，但是到 10 年之后的 2007 年又回升至 70.80 万亩，烤烟种植面积占比也从 2002 年的 14.71% 上升到 2007 年的 21.99%，产生了与政策初衷相悖的现象。虽然粮食种植面积也随着时间的推移在缓慢增长（主要是产量的增加），但它与烤烟种植面积是此消彼长的关系。这一现象的出现不能归因于玉溪市政府控制不力，相反，玉溪市政府始终严格贯彻"双控"政策。玉溪市政府规定，各区县要按照市下达的烟叶收购量指标和指导性种植面积，认真落实烤烟种植规划和布局，逐级分解落实到每个地块、每户烟农，并严格按照烟叶种植收购合同要求，100%签订合同。切实加强合同的监督管理，严把种子供应、育苗供苗、移栽、收购等关口，严格控制超计划、无计划生产。[①] 其实，该现象是各行为主体基于自身利益博弈的结果，即由利己性决定的。

在烟草生产和流通中，专卖专营在一定程度上扼杀了市场进行资源优化配置的功能，使我国烟草业缺乏国际市场竞争力，财税依赖效应还形成了严重的地方保护主义问题。烟草企业丧失了根据市场情况相机抉择的权力，反而将各项权力集中在政府和烟草专卖局（公司）手中，这样会使企业丧失活力和自主创新意识，而且收购兼并也成为政府意志的产物。全国处于一个封闭的大市场，各省处于相对封闭的小市场，这种重重规制不利于我国烟草企业的长远发展，更不要说参与国际市场的竞争。此外，权力的集中容易产生寻租等问题，成为腐败的根源，因此需要对权力进行细化和调整，并建立强大的监督机构，最需要注意的是烟草专卖局（公司）与地方政府的"合谋"，对此第五章已经通过博弈论进行了全面分析。利益的驱动可能会对社会福利造成影响，形成公司和政府控制地方烟草市场的局面，从而不利于经济发展和社会稳定。

第二节　烟农的弱势地位

在国家烟草专卖体制下，烟叶的种植和收购均按合同规定执行，而烟农只有合同签订和履行的权利，不具有谈判权，一直属于弱势群体。具体到村一级，通常由村干部来协调烟叶种植事宜，作为烟农和烟草专卖局（公司）的中间人，他们代表了烟农的利益，但基本无法进行谈判，只起到沟通和监督执行的作用。烟农都是以家庭为单位的，作为价格接受者，在履行烟叶种植合同时，优质烟叶的

---

① 玉溪市政府：《玉溪市政府2007年烤烟生产扶持政策》，2007，第1~5页。

数量成为其增加收入的唯一途径。由于相关规制政策的存在，烟农受到来自烟草专卖局（公司）和政府的"剥削"。

烟叶作为经济作物，本该是农户增收致富的重要源泉，严格规制的存在赋予烟草专卖局（公司）绝对的权利，因而在收购环节形成了对烟农的"剥削"。首先，烟草合同一经签订就无法更改，并不根据当年的收成情况进行调整，烟站只按固定的数额收购烟叶，将风险完全转嫁给烟农，结果导致在收成不好的年份，烟农将以高价购买烟叶以补齐缺额；在收成好的年份，烟农将以低价卖出多余的烟叶。其次，以烤烟为例，烟农收获烟叶后，还要自己进行烘烤，这其中产生的废烟将由烟农自己承担。再次，烟站在收购烟叶时，通常采用降级收购，造成了烟农的无谓损失，寻租者则可以享有优先权和按等级收购。而烟站都希望收到优质烟叶，一级烟叶和二级烟叶的价格相差较大，但受自然条件和技术条件的限制，能达到一级标准的烟叶并不多，顶级烟叶更是少之又少，烟农增收不明显。最后，烟叶收购价整体上涨幅度较低，其中二级烟叶的价格上涨最不明显，不考虑通货膨胀因素，到达生产企业的价格就是收购价的数倍，其中的巨额差价利润当然全部属于烟草专卖局（公司）。此外，烟站会对外地烟设定较为宽松的标准，以此来吸引优质烟叶的流入，这刺激了外地交烟行为，也无端增加了烟农的时间和运输成本。出于便利的考虑，部分烟农会将烟叶直接出售给烟贩，尤其是在交通不便的山区，烟贩私自收购烟叶的现象十分普遍，就连废烟也成为烟贩收购的目标。为了解决非法收购烟叶问题，烟草专卖局（公司）严厉打击烟贩，并要求烟农上交废烟，但仍无法完全杜绝这种现象。对烟农的另一个"剥削"则来自烟叶税，这属于政府行为。前面章节的研究已经证明烟叶税对烟叶种植产生了巨大的负面影响。虽然烟叶税是针对烟叶收购来征收的，由烟草专卖局（公司）承担，但市场地位的悬殊，使其都被转嫁到烟农身上。烟叶税完全归地方财政所有，在分税制改革后对其贡献巨大，部分地区还产生了税收依赖，这就决定了我国在取消农业税后，仍不见烟叶税的取消或调整政策，它也一直是烟农背上的"一座大山"。

烟农属于专卖体制下的牺牲者，为我国烟草业发展做出了巨大贡献，不应该再受到层层"剥削"。长期以来，烟叶的严格规制防止了跨国烟草公司的进入，在自由市场情况下，出于利益考虑，烟农肯定会选择收购价更高的外商，这将使中国烟草的原材料市场被其完全控制。只有建立真正的"公司+农户"模式，才能在保障烟农利益的同时，从根本上消除非法收购。"公司+农户"强调的是将二者联系起来，而不只是简单相加，可以采取农闲时到车间工作的形式给烟农附加工人的身份，这也解决了基层车间"用工荒"的问题，在实现双赢的同时，将二者变为利益共同体。烟草生产企业在保证原材料供应的同时，基于市场变化与烟草专卖局（公司）谈判，最大限度地维护烟农利益。当然，这需要各级政府的协调以及烟草专卖局（公司）的让步。烟叶税则应通过税收改革的方式予以取消，给烟农减负，这需要以牺牲地方政府利益为代价。总之，只有经过多方努力才能避免烟农的"被剥削"，调动其生产积极性，从而保障我国烟叶市场的健康稳定。

第三节　烟草税设置和征收的不合理性

烟草具有严重的负外部性，主要表现为对环境和身体健康的影响，因此政府必须通过征税的形式来抑制其发展，并作为污染治理、医疗卫生和社会保障等方面的资金。我国的烟草税包括烟叶税、增值税和消费税等，存在严重的设置不合理问题，众多的税种并没有起到控烟的作用，其中烟叶税反而促进了烟草业的发展。如前面章节所讨论的，烟叶税与地方政府财政收入息息相关，受自身利益驱使，地方政府会选择默许或鼓励的态度，税收最终将转嫁到烟农身上。烟叶税作为具有中国特色的税种也将长期存在，解决这一问题的唯一方法在于斩断地方政府的利益链条，通过税收改革来弥补其损失，使烟农获得真正的减负和增收。究其历史原因，分税制改革后中央财政获取烟草税收的70%以上，地方财政出现了严重困难，烟叶税的独享机制成为其救命稻草。代燕春（2013）对云南省红星村的调查研究表明，该村财政收入绝大部分来自烟叶税。[①] 因此，不能一味地要求地方政府牺牲自身利益，取消烟叶税的前提是地方财政困难的有效缓解，改革的重点则在于设置中央对地方的税收返还机制。

增值税和消费税来自1994年1月1日开始实施的卷烟产品税改革，其中增值税的设定符合国际惯例且变化不大，消费税按从价定率计征，后来变为从量定额和从价定率相结合的复合计税法，后者一直是社会关注的焦点。具有代表性的调整是2009年5月财政部和国家税务总局下发的《关于调整烟产品消费税政策的通知》，将甲类和乙类卷烟的从价消费税税率分别上调11个和6个百分点，重设二者的分界线为7元/包，在批发环节加征一道5%的从价税，从量消费税则保持不变。经过不断的上调，2011年我国的烟草综合税率为46%，而世界发达国家普遍为70%以上，可见我国还存在较大差距，也无法达到《烟草控制框架公约》的控烟要求。在生产环节征收才是我国烟草消费税的最大问题，这也是烟草专卖制度的产物，即属于价内税，无法有效抑制卷烟消费，应考虑转换为价外税。根据前面章节的研究，可知烟草消费是缺乏弹性的，税收难以发挥有效的抑制作用，只是通过提高成本让部分低收入者退出市场，烟民可以根据自己的收入在各种档次的卷烟中自由转换。而我国的消费税主要针对中低档香烟，高档香烟的购买者反而获得了额外的福利，这不符合税收的"劫富"功能，也丧失了增加烟草税收的重要途径。具体可以借鉴美国和日本等国家的先进经验，运用市场化的税收手

---

① 代燕春：《烟草垄断下的云南烟农》，云南大学博士学位论文，2013，第107～116页。

段来有效规制烟草业和增加财政收入。

此外，我国的烟草税收制度将负担转嫁给烟农、烟草生产企业和烟民（烟草消费者），而最大获益的烟草专卖局（公司）实质上并不承担任何税收和市场风险，使其成为滋生腐败的温床。即使烟草生产企业可以转嫁税收，但也面临市场需求下降的风险，税收的征收将严重打消其生产积极性，地方政府还提供了"劣不汰"的保护伞，加剧了其效率低下的现状。

第四节　烟草业规制中的信息不对称问题

在烟叶种植和收购中，由于政府和烟农之间存在信息不对称，因此会产生逆向选择和道德风险问题，并且还会出现寻租的行为。"劣币驱逐良币"出自阿克罗夫（1970）关于二手车市场的论文，泛指劣等品将优等品驱逐出去的现象。所谓逆向选择，是指信息不对称导致的"劣币驱逐良币"现象，发生在事前；所谓道德风险，又称败德行为，是指经济参与人损人利己的行为，发生在事后。[①] 首先，国家的政策在于引导烟叶种植逐步向种植大户、种植能手转移，但是在国家规定种植面积的基础上，地方政府会选择合适的地区和烟农来栽种烟叶。由于信息的不完全性，地方政府会根据已知信息进行选择，但好的土地不一定就被种烟能手所掌握，因而会产生种烟能手分到很少的种烟指标或没有指标的逆向选择现象，更严重的是"劣币驱逐良币"效应会将种烟能手驱逐出烟叶种植市场。这其中还存在寻租问题，因为种烟能手能够通过种植烟叶获得较高收益，其他人则有动机去寻租，以获得更多的种烟指标，通过数量来弥补因种植技术不足而带来的损失，这也加剧了种烟能手的驱逐效应。对于地方政府官

---

① 〔西班牙〕因内思·马可-斯达德勒、J. 大卫·佩雷斯-卡斯特里罗：《信息经济引论：激励与合约》（第二版），管毅平译，上海财经大学出版社，2004，第8~30页。

员而言，将种植指标分给任何农民都是无差别的，所以地方政府官员非常有可能接受普通或者劣等种烟户的寻租。其次，在获得种植许可后，会产生道德风险行为，因为收购的数量是一定的，烟农就不会担心种植的烟叶无法出售，也不会产生以次充好的动机，这将节省其投入烟叶种植的相关成本。更严重的是，烟农还具有事后寻租的可能性。因为烟叶必须分级，其目的就是按照烟叶质量的优劣进行归类，并划分等级，从而体现以质论价的原则。[①] 而在烤烟收购环节，收购人员要鉴定烟叶的等级，具有极强的技术性，存在对烟叶成熟度的认识不到位、收购等级划分不清、"三混"现象突出等问题，一旦收购人员接受寻租行为的话，以次充好的现象自然会发生。

在烟草制品流通中同样会出现这一现象。而假烟现象也在中国市场普遍存在，除了正规专卖店外，其他代售点尤其是小商店售卖假烟的可能性极大。一方面是由于烟草制品规制使普通商店进货较难，且落后的流通系统抑制了正规香烟按时按量地流入市场；另一方面则是道德风险和逆向选择的存在。假烟能为销售者带来高利润，并具有无审批、流通快和难识别等特点，大部分假烟用的是真烟的包装，因此普通商店会优先选择假烟，出售价格也较低。对于烟民而言，通过价格对比同样会选择假烟，一般也只有资深人士能品出差异，但他们往往会选择沉默。因此，烟草市场就出现了"劣烟驱逐真烟"的现象。再加上走私香烟的大规模涌入，国外正规香烟几乎难以立足，形成了一个较为混乱的卖方市场。

第五节　烟草套利和非法交易行为长期存在

在烟叶市场，国家的"双控"政策其实是给烟叶生产设置了一个配额，那么根据自利性和存在套利空间，会产生严重的套利行为，

---

① 《烤烟分级与收购管理》，《云南科技报》2005 年第 9 期，第 1～11 页。

甚至进行黑市交易。烟草专卖局（公司）会与烟农签订烤烟种植合同，在烤烟面积分配完后，未得到种植许可或者对分配数量不满足的烟农就会努力改变现状。在烤烟种植市场，种植许可就成为一个供小于求的商品，甚至是一个垄断性的商品，因而部分烟农会将其出售以获得比种植烤烟更高的利润，或者部分烟农需要扩大种植规模而愿意以高价购买种植许可。此外，由于烤烟种植的区域化性质，拥有种植许可证的烟农可以到其他烤烟市场通过出售许可证实现套利。但这增加了距离成本，因为土地不会移动，购买种植许可者只能到合同签发地种植。收购数量的确定则会引发非法交易，即存在烤烟黑市。由博弈分析可知烟农有超额种植的动机，那么一旦国家不收购多余的烟叶，其就有动机将剩余部分销售给私人或者某公司。很多情况下收购者甚至会给出高于国家收购价的价格来吸引烟农，再加上部分烤烟种植区位于山区和半山区，这给烟叶非法交易带来了契机。虽然非法收购烟叶将面临法律的制裁，但高额的利润还是会使部分人愿意铤而走险，他们通常选择交通不便和监管困难的地区牟取非法利润。

　　在受到层层规制的烟草制品市场，套利的一个空间来自合法卷烟的购销差价以及跨区域的价格上涨，以红塔山等著名品牌最为典型，在供小于求的情况下很容易实现。套利的另一个空间则是非法卷烟，主要包括假烟和私烟。私烟以国外卷烟（走私烟）为主，国内卷烟不太可能以非正规途径进入流通领域，原因是规制的存在和成本过高以及烟草企业的管理越来越严，市面上的私烟难以见到。过去，烟草业内部会有企业违反规定为非法卷烟交易市场提供充足的货源，员工也常常会偷偷将卷烟带出厂供自用或出售，导致大量私烟的流通。走私卷烟属于违法行为，但受利益驱使，还是有大量的国外走私烟涌入我国，小零售商出售的国外卷烟大多是走私的。这与我国设定的较高的烟草进口税有关，通过走私的套利可谓利润丰厚。当然，从另一侧面讲，走私也在中国市场宣传了国际品牌，对其毫无影响，因而得到了跨国烟草企业的默许。而假烟则是跨国烟草企业最为头痛的，它们经常以中国生产假烟为由，对我国的烟草专卖制度施加压力。假烟生产通常表现为套壳生产，即通过回收卷烟外壳进行再加工，而普通消费者难以区分，这就为商家带来了巨额利润。我国一直严厉打击假烟生产和卷烟走私行为，但成效并不显著，这是由于巨额利润已形成一个利益链条，它与寻租等行为紧密相连，很难在一朝一夕全部清除。

第六节　地方保护主义产生的原因、特点和不利影响

地方保护主义主要是在地方政府利益的驱动下形成的，它并非中国独有的问题，美国同样存在且一直通过法律等方式进行规制。中国烟草的地方保护主义有其深刻的历史原因。1978 年，中央政府开始下放资源配置的决定权和财政权，让地方政府进行财政包干，1994 年又实行了分税制，从而形成了中央与地方相对独立的分权制。烟草的高税收性使地方政府出于利己性考虑，不断追求自身利益最大化，甚至会对中央的部分措施予以抵制，导致专卖专营政策在各地呈现不同的效果。为了振兴地方经济和提高政绩，地方官员会选择大力支持烟草业的发展。此外，中央和地方的信息不对称产生了监管失灵，地方政府只考虑自身利益甚至与中央政府争夺资源。

地方保护主义来自烟草的巨额利润，主要是烟草税，以烟叶税为主，兼有部分增值税和消费税等，成为地方政府收入的重要来源。以云南为例，烟草业为地方财政贡献了 70% 以上的份额，因而形成了地方财政依赖。烟草业还是投资回报率较高的产业，虽然属于夕阳产业，但仍有利可图，其中固定资产投资产生的利税是轻工业平均值的 11 倍以上。因此，地方政府热衷于扶持烟草业或进行直接投资，以分享其带来的巨大收益，其中包括提供财政激励、行使管理

权和施加政治影响。主要方式为地方政府通过税收返还等措施来支持烟草企业发展，鼓励烟草企业超额生产并进行收入分配，为地方烟草企业争取更多的生产配额、贷款和新项目投资许可等。

地方保护主义的特点在于地区封锁和价格控制。除少数国内名牌卷烟外，大部分卷烟面临产量过剩的问题。为了保护本地卷烟，地方政府会设置省域贸易壁垒来阻止外地卷烟的进入，主要表现为直接禁止外地烟进入或限制批发商的品牌选择权，于是形成了所谓的烟草地方割据。2006 年下半年，包括 52 家卷烟企业在内的卷烟市场交易中，产品能够覆盖全国所有省份的烟草企业只有红塔、红云、红河和上海四家，能够覆盖全国 16 个省份的烟草企业有 30 家，还有 7 家卷烟企业只在本省内销售。[①] 但由于受到国家和烟草专卖局（公司）的监督以及烟草批发会等贸易活动的冲击，直接禁止外地烟进入已经很难实现。价格控制即地方政府干预本地卷烟的价格，表现为调整本地卷烟的最低价格，但往往事与愿违，如安徽省政府的干预就导致 1995 年安徽烟草业的利税急剧下降。这是因为外地卷烟进入后，开放经济很难实现价格的人为调控。因此，目前的地方保护主义以地区封锁为主，方式也转变为税收差异或给予本地品牌优惠等。此外，地方保护主义还促进了非法批发市场的发展。卷烟的长期供货模式是烟厂—二级批发—三级批发（包括委托批发）—零售，但一直未建立起完善的销售网络和畅通的销售渠道，于是出现了许多受地方政府支持的非法批发市场，实现了批发商与地方政府的"合谋"，出现了无证批发和假烟与走私烟现象，致使国家利税损失严重。直到 1993 年国务院的介入，这些自由批发市场才被清理。由此可知，非法香烟的生产和流通与地方保护主义密切相关，已经形成非法批发商、地方政府和非法零售商之间的不正当利益分配

[①]　张严柱：《中国烟草行业发展战略选择问题研究》，东北财经大学博士学位论文，2012，第 45 页。

格局。

地方保护主义还滋生了寻租行为。首先，许可证制度的实施要求烟草企业必须获得生产许可证，在控烟的形势下，许可证总量上十分稀缺而且具有区域限制，这就会滋生寻租行为，使企业家能在同等或次等条件下获得许可证而投入生产。其次，烟草生产的垄断利润是企业内部寻租的重要原因，至于包装、宣传等外包环节则成为相关企业通过寻租争抢的目标。再次，烟草工商业分离前，烟草公司管理着生产和流通整个价值链，权力的过度集中使其成为生产企业和零售商寻租的目标。工商业分离后，这一现象被削弱，且中烟工业公司因管理生产环节而分享了部分租金。最后，零售商尤其是涉及销售假烟或非法香烟的店主会将部分所得用以寻租。总之，高垄断利润的烟草业一直是寻租行为的温床，在发达国家也不例外，只能通过完善法律和设置监管部门来减少这一现象的发生。

第七节　本章小结

本章是对我国烟草业规制中存在问题的分析，首先，讨论了国家烟草专卖制度存在的问题。虽然其具有防止被跨国烟草公司控制和维持烟草业健康发展的积极作用，但在烟叶种植与收购环节出现了盲目种植等问题，在烟草生产和流通中扼杀了市场的基础性作用并产生了严重的地方保护主义。其次，分析了烟农的弱势地位和受到的双重"剥削"。烟农作为弱势群体，一方面受到烟草专卖局（公司）在烟草收购环节的"剥削"，这是由权力的过度集中和买方市场的长期存在决定的；另一方面则是政府税收的"剥削"，以烟叶税为主，长期分享了烟农的正常收益。只有建立真正的"公司+农户"模式，取消烟叶税，才能使烟农摆脱"被剥削"的地位。再次，讨论了不合理的烟草税，表现为烟叶税对烟农的长期"剥削"，最重要的消费税也没有达到有效控烟的目的，这也成为学者们争论的焦点之一。同时，分析了逆向选择、道德风险、寻租、套利和非法交易等问题，这些问题存在于从烟叶种植与收购到烟草制品生产与流通的诸多环节，需要引起相关部门和社会各界的重视并加强监督。最后，分析了地方保护主义现象，这是地方政府利己性的结果，阻碍了我国烟草业的兼并重组和烟草制品的自由流通，当然也实现了地方烟草企业和地区经济的双赢，属于局部利益与整体利益的矛盾。由此可知，我国烟草业规制在很多方面仍存在问题，本书在下一章将提出有针对性的政策建议，以促进我国烟草制度不断完善，遵循诱致性的制度变迁，从而更好地指导烟草业，确保烟草市场健康稳定。

第七章　结论、政策建议与展望

中国烟草业是在国家专卖制度的规制下发展起来的，烟草制品具有高利润性、高税收性和上瘾性等特点。巨额垄断利税成为资本尤其是外资关注的目标，而利益分配问题也逐渐凸显出来。从国际烟草业的发展情况来看，欧盟国家如瑞典、葡萄牙、希腊等，在取消专卖制后市场被跨国烟草公司挤占，并收购了大量当地烟草企业。而亚洲部分地区也在美国的压力下取消了专卖制，日本和韩国政府继续对烟草业进行规制，其中日本还形成了世界第三大跨国烟草公司，而中国台湾则被美国烟草所垄断。苏联和东欧部分国家在市场化改革中同样取消了专卖制，其国内烟草市场也被跨国烟草公司所控制。因此，对于处于发展阶段的中国烟草业而言，必须借助专卖制度的保护并对其进行修正和完善，将"无形的手"和"有形的手"结合起来，不断推进兼并重组和股份制改革，以形成一个具有国际影响力的全新跨国烟草公司。

本书通过研究，得出以下结论。

（1）国际控烟措施日趋严厉，中国烟草业发展步履维艰。目前国际烟草竞争以规模、资本和科技为主，国际烟草市场已被四大跨国烟草巨头所控制，并将目光投向发展中国家尤其是中国的广阔市场。中国具有丰富的烤烟品种以及地形和气候资源，烤烟产量居世界第一；劳动力和吸烟人数较多，具有较高的卷烟产销量，并研制出了新混合型卷烟。但中国的烟草质量普遍不高，缺乏国际竞争力；市场集中度较低，没有产生规模效应；技术水平相对落后，研发和创新不足；人力资源结构不合理，人力资本投资不足。因此，我国的烟草业发展之路还十分漫长，尤其在加入 WTO 和签署《烟草控制框架公约》后，这条路更是十分艰辛，中国烟草企业只有抓住机遇和应对挑战，才能打造一个全新的跨国烟草集团。

（2）烟叶种植和收购受国家专卖制度的严格控制，烟农受到双重"剥削"。其中，烟叶税抑制了烟叶种植并损害了烟农的利益，却有利于烟草产出和地方财政收入。种植环节的利益主体为烟农、地方政府与烟草公司，容易产生盲目种植等问题。烟草生产受到包括烟叶税和地方财政收入在内的上、中、下游多个因素的共同影响，通过实证研究可以发现其受烟叶种植、税收及消费等因素的影响显著，并与地方财政收入紧密相连，但部分因素并没有发挥应有的作用。云南省玉溪市的案例说明了国家"双控"政策的积极导向作用和不利影响，证明应一分为二地看待烟叶规制政策，且相关政策需要根据实际情况进行不断调整。

（3）烟草业具有极强的市场势力，通过 Primal – Dual SR 法测算出的勒纳指数为 0.77，并发现烟草企业在获得垄断利润的同时，也造成了巨额社会福利净损失，因此国家需要采取法律、行政等手段予以规制。烟草制品具有负外部性，导致社会成本上升和"二手烟"问题；它还具有税收效应，造成了"强者趋弱"及"劣不汰"等问题。我国的烟草企业流通竞争力普遍偏低，通过 X 烟草的实证研究可以发现流通竞争力受人力资本、科研等因素的显著影响以及资本内部结构和外部环境的制约。此外，本书以烟草企业与地方政府之间、地方政府之间和省域烟草企业之间三种博弈进行分析，证明了烟草业存在地区流通困境。

（4）国家的烟草专卖专营在保护国内市场和企业的同时，也使中国烟草业丧失了国际竞争力，影响了市场的基础性作用，并产生了信息不对称和寻租等问题，市场套利和非法交易随处可见，地方保护主义严重，不利于我国烟草业的健康稳定发展。地方保护主义与税收制度紧密相连，只有通过烟草税改革才能从根源上解决问题。此外，公共场所禁烟令等措施的出台抑制了烟草需求，成为烟草业需要面对的新形势。

第一节　增强中国烟草业的国际竞争力，进一步深化烟草税改革

中国烟草业目前最迫切需要解决的是规模不经济问题，市场集中度较小且无法产生规模效应，还存在严重的地方保护主义。为了提高市场竞争力，应对国际烟草巨头的冲击，必须通过兼并、合并等手段不断壮大自身，形成产业集聚，努力打破地方保护主义，在全国范围内进行资源和产业链整合，提高烟草企业的流通竞争力，建立现代化的烟草流通体系，树立国际化的发展目标，培育国际知名品牌，打造属于中国的跨国烟草集团，真正实现中国烟草"走出去"。2008 年红云集团和红河集团的合并就是一个很好的代表，形成了亚洲规模最大的烟草生产企业，但仍为云南省内部资源的战略重组。国际市场竞争日趋激烈，控烟措施也日趋严厉，特别是我国加入 WTO 和签署《烟草控制框架公约》后，更应调整相关政策并加大研发力度，尤其要针对非卷烟类产品（主要为无烟烟草类产品）对国际市场的争夺。因此，未来烟草制品可能发生巨大变化，国际市场的竞争将是科技与资本的较量。当然，烟草企业的兼并重组会形成垄断，产生较强的市场势力并造成巨大的社会福利损失，这已通过实证研究予以证明，会发生烟草企业干预国家政策的现象，这可以用美国烟草业的历史和现状来说明。因此，需要国家对过度的垄断予以控制，通过立法等手段阻止，具体可以参考以《谢尔曼法》为代表的美国反垄断法律体系，坚决打击通过垄断定价牟取暴利的行为，解决市场失灵问题，并防止烟草企业干预政治，让烟草业得以健康发展。

长期以来，我国烟草税改革一直处于路径依赖的误区，缺乏改革的动力并受到相关利益集团的阻挠，而地方保护主义的根源就在于地方税收依赖，只有通过烟草税改革才能予以消除。我国首先需要将消费税的征收改到消费环节而不是生产环节，即在卷烟销售地征税，然后借鉴日本的中央地方烟草税提成模式，进行分税制改革。但是消费税的征收环节改革将使云南和湖南等烟草生产大省的财政收入急剧减少，必须对其损失进行弥补。具体做法是将烟草税进行分解，设置地方税收返还的基数并予以固定，不与烟草税增减相联系，如云南和湖南等就应设置较高的基数返还以弥补其损失，这样就能够实现地方财政与烟草税脱钩。地方保护主义还来自地方官员的错误政绩观，以眼前和本地的利益为主，这就需要国家改革考核体系并加强学习培训，使其具有长远眼光和全局利益观，打破省域进入壁垒以开放本地市场，从根本上消除地方保护主义。至于非法卷烟流通问题，关键在于加强监管和从严惩处，否则开放市场更有利于其在全国范围内流通，这将扰乱合法的卷烟市场，不利于我国烟草业的稳定发展。

第二节 规制政策应具有多样性和变化性，注重烟草品种和技术改进

在部分山区和半山区，虽然技术和自然条件都较差，但是烤烟是该地区农民增加收入的重要来源。如果根据产业化、优质化原则而急剧减少或者禁止农民种植烤烟，将大大提高该地的"返贫率"，甚至会助长违反《中华人民共和国烟草专卖法》的各种行为。因此，对于这些地区，进行资金、人力资本投资和技术指导才是关键，而不是一味地进行控制。对于其他地区的规制也应该加强政策宣传和监督，强制性的行政干预容易激发不满情绪，不利于烟草业的健康发展。烟农作为弱势群体，受到国家烟草专卖

制度的严格控制，且烟叶税还损害了烟农的利益，因此国家应考虑逐步取消烟叶税，增加烟农的收入，建立"烟草公司＋烟草企业＋烟农"的烟草专业化经营模式。

"市场上唯一不变的就是一切都在变"，这是市场营销学的经典语录之一。它也说明规制政策必须随着市场的变化而进行相应调整。市场在发挥资源配置作用的同时，自身也存在缺陷，国家规制的主要目的就在于解决市场失灵问题。"双降"政策的取消就是一个很好的例子，因为它已不再符合烟草市场和烟草业发展的需要。"双控"政策同样应立足实际，对设置的种植面积和收购数量做出一定的调整，否则会导致烟叶超额种植和非法交易等问题频发。烟草消费作为规制的重要环节，一直被忽略，长期以来烟草消费税都是在生产环节进行征收的，并没有很好地发挥作用，因此可以考虑在销售环节征收，或者通过上交中央并返还固定数额来摆脱地方税收依赖。

国家规制政策（以"双控"政策为代表）的实施危及粮食安全，这是因为它没有和粮食直补政策同时实施。国家必须统筹相关政策，让农民认识到种粮有利可图，从而引导其种植粮食，才能避免其威胁粮食安全，而一味地通过控制烟叶种植面积和收购数量的做法是不可取的。规制也不能局限于控制烟叶种植面积和收购数量，必须注重烟草品种的改进。以云南为例，云南种植的烤烟品种以红花大金元、G－28和K326为主，品种较为单一，而津巴布韦的烤烟品种都是由国家烟草研究院（TRB）培育的，共有15个优良品种，可见国家行为也是烟草业发展的重要保障。因此，国家在规制的同时，也应提供烟叶优良品种和技术支持，这才是宏观调控的重要内容，即通过"有形的手"建立烟叶良种研究供应体系，支持有机烟叶的研究和生产，严格控制烟叶中的转基因成分，努力解决重金属污染和农药残留等问题，并构建一个现代化的烟草生产系统。

第三节 提高烟草流通效率，构建现代烟草流通体系

烟草制品的特殊性决定了市场流通的有限性，然而这不代表可以忽略烟草流通。相反，只有不断提高其流通效率，才能在有限供给的前提下，最大限度地缓解供求矛盾。否则，严重的供小于求，将有利于非法烟草制品市场，最终也无法对其实施有效监管。非法烟草交易的广泛性、暴利性和隐蔽性等特征，是该行为一直存在的原因，而烟草流通环节的优化和效率的提高，能够从根本上打击非法贸易，从而维护我国烟草市场的稳定。

影响烟草制品流通效率的重要因素是烟草批发商和大型零售商的市场控制，这就需要政府和烟草专卖局出台相应的反垄断措施，在实现烟草批发和零售有效对接的同时，保障中小零售商的利益，确保烟草流通市场的竞争性。当然，提高烟草流通效率，还需要相关部门实行有限但有效的规制。在确保总量控制的前提下，不对烟草流通环节进行过度干预，应推动现代烟草流通体系建设，接纳物联网等新技术，削弱甚至取消外地烟草企业的进入壁垒，采取第三方监督制约模式，这将有利于打破地方保护主义，最终通过逐步去行政化和设立监督机构等手段实现在有效规制中促进烟草流通效率的不断提升。此外，烟草税改革同样能够影响流通效率，首先是从过去的生产环节征收逐步过渡到流通环节征收，其次是地方税收返还有利于弱化地方保护主义，最后是将消费环节作为征税重点。这些改革既能够实现通过税收来抑制烟草消费的目的，又能够刺激商家降低流通成本和优化流通过程。此外，作为烟草流通执行部门的烟草专卖局（公司）内部信息不对称问题，同样制约着流通效率的提高，可以通过市场绩效考核等手段来调动员工积极性，促进烟草流通的发展。

解决该问题的关键还在于不断提高我国烟草企业的流通竞争力。

这就需要在努力消除地方保护主义的同时，加强人力资本投资和研发投入，优化资本内部结构，提高品牌知名度，积极参与市场竞争，并通过税收改革等措施确保烟草企业的健康发展，缓解烟草市场中的供求矛盾，彻底根除烟草非法贸易。

第四节　加大烟草企业和管理机构的人力资本投资力度，建立内部激励机制

人力资本投资是由舒尔茨（1960）提出的，旨在强调人力资本的重要性和对经济发展的贡献。对于中国烟草业而言，进行人力资本投资同样十分重要，主要方法是加强人员培训和道德建设。烟草专卖专营使烟草专卖局（公司）的权力过于强大，只有具备较高技术水平和道德修养的员工才能做出正确的决策，完成烟叶生产方向定位、生产技术及烟叶品质鉴定等任务，杜绝寻租等现象的发生。但目前烟草技术人员中仍以初中和高中学历为主，应引起有关部门的高度重视，以培养和更换并行的方式提高在岗人员的整体水平。烟草生产企业同样面临人力资本投资不足的问题，员工大部分是无技术职称的车间工人，高层管理人员则采取国家任命的形式，很多都不懂生产和经营，这样的人力资本结构无法满足企业长远发展的需要。因此，烟草生产企业必须始终坚持人才战略，通过引进高级技术人员和高级职业经理人的形式优化人员构成，以继续学习和培训等方式提高内部员工和管理人员的水平。在烟草制品的流通领域，从业人员更应该具备物流、法律等方面的知识，因而需要对其进行经济学、管理学和法学的培训，只有这样才能保证合法卷烟的正常流通并严厉打击各类非法经营卷烟行为。

烟草专卖局（公司）作为规制的主要执行者，内部存在道德风险和逆向选择问题，因此必须制定绩效考核方法，如使用平衡计分

法和 360 度绩效考核法等。通过引入绩效工资、强化奖惩机制、打破"金饭碗",实现员工的自由流动,有效实现低努力者的转变或将其淘汰,当然还需要建立和完善监督机制。此外,要确保员工工资收入的相对公平,调整管理层过高的工资或福利待遇,这也与国家进行的工资改革密切相关,而在以烟草为代表的垄断行业显得十分突出。对于烟草生产企业而言,同样存在缺乏激励和工资收入差距过大等问题,这就需要仿照烟草专卖局(公司)的相关改进措施,通过内部优化和外部监督来调动员工的生产积极性,降低因工资或福利分配不公平而产生的不满情绪。同时,政府等相关部门也需要提高办事效率,监督机构的设立还能够有效杜绝寻租和套利等行为的发生。

第五节 加强对烟草业的监督,完善监管体系,坚持公平和严格执法

对烟叶(以烤烟为主)的严格规制,保证了国家对原材料的绝对控制,却容易产生寻租、套利、非法交易、道德风险和逆向选择等问题。如果没有相关监督部门和执法部门的配合,那么利己性动机将导致问题日趋严重,进而导致烟叶的质量和产量严重下降,也不利于调动烟农的生产积极性。如果放任烟叶黑市交易,那么烟叶市场将会显现混乱局面,后果十分严重。因此,必须在烟叶种植前、中、后进行监督,对不法行为严格惩处,尤其是地方政府与烟农签订合同和烟叶收购过程更是监督和执法的重点。烟草生产环节属于垄断利润的起源,严格监督与执法是不可或缺的,只有这样才能杜绝寻租与腐败现象。目前我国已开始实行严打,多名中高层管理人员的落马足以证明我国整顿垄断行业的决心和毅力。对于烟草制品市场而言,非法卷烟的生产和流通将扰乱正常的市场秩序,"劣烟驱逐真烟"的现象十分常见,寻租与套利经常发生,因此严格的监督

和执法就显得十分必要。尤其是在不断推进依法治国的阶段，烟草业法律法规的完善尤为重要，而坚持公平、有效和严格执法，才是杜绝不良现象和打击非法烟草贸易的根本。

针对烟草业的管理体系，目前建立了垂直管理模式，在中央烟草专卖局（公司）和中国烟草总公司是"一个机构、两块牌子"，而地方则属于分离模式，中烟公司掌握着较大权力和较多资源。因此，需要设立一个专门的机构来对其进行监督和制衡，并确保规制措施执行的严格性和公平性。该机构还能起到信息反馈和规制措施因地因时优化的作用，以维护烟草业的健康稳定。诚然，烟草业的管理体系同样应实现诱致性制度变迁，防止因短期性和利己性等而落入路径依赖中，最大限度地满足国际烟草市场竞争和控制烟草危害性的需要。此外，将规制政策落实到基层是十分必要的，只有这样才能从根本上杜绝超额种植烟叶的现象。解决方法是将种植面积指标与县、乡、村级的工作绩效考核结合起来，让地方干部自发地打击超额种植行为而不是采取默认甚至支持的态度。

第六节　适时调整烟草专卖专营政策，减轻规制对中国烟草业发展的束缚

由于烟草具有上瘾性和高税收性等特点，国际上除美国等国家从未实行过烟草专卖制度外，大部分国家在早期实行过烟草专卖制度。但统计数据显示，在 20 世纪 80 年代初期，全世界实行烟草专卖制度的国家有 80 多个，到 20 世纪 90 年代末期，却只有 20 多个国家还在实行。[①] 可见，市场化已成为当今经济发展的主题。中国烟草

---

① 王彩霞：《内忧外患下的中国烟草专卖制度困境分析》，《吉林工商学院学报》2008 年第 4 期，第 23～27 页。

的国家专卖专营，历来是学者们争论的焦点，但大多倾向于完全自由市场或者完全的规制。事物皆具有两面性，我们应该一分为二地看待国家烟草专卖制度。国家烟草专卖制度除了国家垄断和规制外，主要起到了保护国内烟草市场的作用。从国际市场来看，大部分取消烟草专卖制度的国家被跨国烟草公司所控制。云南省玉溪市的实践经验也同样证明，由于烟叶生产和消费的特殊性，政府干预与市场的结合才是烤烟生产蓬勃发展的源泉，但要对国家规制的部分措施进行修正，以更好地发挥其控制与促进作用，从而有利于振兴当地经济和实现我国经济的可持续发展。

　　日本的经验告诉我们，烟叶规制是一定不能放开的，而烟草生产可以逐渐允许民营经济进入，通过体制和产权改革以及不断购并将本国的烟草企业做大做强。最值得借鉴的是日本的烟草分税制，将地方财政与烟草生产脱钩，以消费税为主，中央和地方各按 50% 征收，只有这样才能真正消除地方政府的税收依赖，消费税的征收在一定程度上还能起到控烟的作用。处于发展阶段的中国烟草业必须借助专卖制度的保护，借鉴日本严格规制的经验，在严格控制烟叶市场的同时，通过兼并重组和股份制改革形成另一个具有国际影响力的跨国烟草公司。美国的烟草规制同样证明全面放开的结果是跨国烟草巨头控制了市场，菲莫国际等甚至还能够干预国家政策和影响国家经济，形成了烟草企业一家独大的局面。当然，美国一直十分关注健康和控制烟草的负外部性，始终对烟草质量进行严格要求并明令禁止在公共场合吸烟，通过各项措施防止未成年人吸烟和支持反烟运动。这都是我国的烟草专卖制度所要借鉴的，不能一味地严格规制烟草生产和流通，国家应将规制的目光放到控制烟草的负外部性和健康问题上去。因此，应对国家烟草专卖制度进行渐进式改革，不断调整相关政策法规，以指导和规范为主，可以逐步实行股份制改革，构建一个开放、竞争、有序的全国统一烟草大市场。因为"无形的手"和"有形的手"相结合，是以发挥市场作用为主、国家规制为辅的。规制政策应以关注健康和降低烟叶焦油含量为主，并力图消除"二手烟"的危害，这也符合《烟草控制框架公约》的相关规定。国家应引导烟草企业进行自主研发，以研制出低焦油和高质量的卷烟为目标，还需要严格控制烟草广告，防止吸烟人数迅猛增加。此外，国家应通过提高消费税等手段来增加吸烟成本，将所收税费用于解决吸烟负外部性带来的问题。对于"二手烟"的防治，必须严格划分吸烟区与禁烟区，并对在公共场合吸烟者予以惩罚，当然也需要社会各界的配合，建立健全监督体系。值得庆幸的是，自 2013 年以来，国家逐步出台各项公共场合禁烟令，使"二手烟"问题得以缓解。

综上所述，中国烟草业的健康发展和制度改革还需要进行不断的探索与完善，这就需要广大学者投入更多的精力发现并解决其中存在的问题。"路漫漫其修远兮，吾将上下而求索"，烟草业的研究同样是一个漫长的过程，希望学者们能够不断推陈出新，正确指引我国烟草业的发展道路，使其成为世界烟草市场中的核心力量。

参考文献

曹瑞东：《基于物联网的烟草物流配送管理信息系统的实现》，电子科技大学硕士学位论文，2012。

陈宝森：《烟叶生产成本与烟农增收研究——基于凉山州、阜新市的实证分析》，四川农业大学博士学位论文，2012。

陈登彬：《烟草物流配送网络布局的综合评价及优化研究——以福州烟草物流为例》，福建农业大学硕士学位论文，2012。

陈甫军：《反垄断与规制：美国经验及其对中国的借鉴》，《中国经济问题》2006年第5期。

程红：《商业企业产权制度改革目标模式的选择》，《商业经济研究》1994年第11期。

戴家武、崔登峰、王秀清：《中国烟草加工业市场力量再估测》，《产业经济研究》2011年第2期。

〔美〕丹尼尔·F.史普博：《管制与市场》，余晖等译，上海三联书店、上海人民出版社，1999。

段铁力：《我国烟草行业物流发展方向探讨》，《河南科技》2013年第7期。

段永光：《中国烟草行业兼并重组》，中南大学硕士学位论文，2008。

冯献华、罗婉容：《对我国烟草行业集中度的分析与探讨》，《沿海企业与科技》2006年第2期。

冯卓：《基于SCP框架的中国能源产业环境规制政策效应研究》，辽宁大学博士学位论文，2013。

〔美〕G. J. 施蒂格勒:《产业组织和政府管制》,潘振民译,上海人民出版社,1996。

高松、刘宏、孟祥轶:《烟草需求、烟草税及其在中国的影响:基于烟草成瘾模型的经验研究》,《世界经济》2010 年第 10 期。

龚金龙:《从烟草巨头支持美国 FDA 规制烟草业看政府某些烟草公共政策的价值取向》,《中国农学通报》2008 年第 12 期。

郭衡:《加入 WTO 后中国烟草业发展对策研究》,吉林大学硕士学位论文,2005。

郝冬梅、王秀清:《中国烟草加工业的市场力量与配置效率损失估测》,《产业经济评论》2003 年第 1 期。

胡德伟、毛正中:《中国烟草控制的经济研究》,经济科学出版社,2008。

黄景涛:《基于供应链思想的烟草物流业务拓展创新型研究》,《物流科技》2013 年第 2 期。

简新华、杨艳琳:《产业经济学》(第二版),武汉大学出版社,2009。

赖奎宇:《2010 年中国卷烟品牌发展趋势》,《烟草市场》2010 年第 6 期。

李保江:《2013 年世界烟草发展报告》,东方烟草网,2013 年 3 月 12 日。

李宁:《涉农企业全面绩效评价体系及多维动态博弈研究》,吉林大学博士学位论文,2008。

李士森、王莉、吴海平:《中国烟草消费量的弹性分析——基于中国省际面板数据的实证研究》,《科技创业月刊》2012 年第 12 期。

李穗明、朱立:《中国烟草产业整合的市场绩效分析:1998~2007》,《管理世界》2009 年第 7 期。

李悦:《产业经济学》(第二版),中国人民大学出版社,2004。

梁小军:《烟叶收购环节监管追溯系统的设计与实现》,电子科技大学硕士学位论文,2013。

林文益:《贸易经济学》,中国财政经济出版社,1995。

刘志彪：《产业的市场势力理论及其估计方法》，《当代财经》2002
　　年第 11 期。

〔美〕罗伯特·吉本斯：《博弈论基础》，高峰译，中国社会科学出
　　版社，1999。

罗美娟：《政府管制对中国烟草企业行为与市场结构的影响分析》，
　　《思想战线》2004 年第 6 期。

马龙龙、刘普合主编《中国城市流通竞争力报告 2008》，中国经济
　　出版社，2009。

马龙龙主编《流通产业结构》，清华大学出版社，2006b。

马龙龙主编《流通产业政策》，清华大学出版社，2005。

马龙龙主编《流通产业组织》，清华大学出版社，2006a。

年志远、徐迟：《中国烟草行业体制改革研究》，《中国行政管理》
　　2011 年第 8 期。

〔日〕青木昌彦：《企业的合作博弈理论》，郑江淮等译，中国人民
　　大学出版社，2005。

〔日〕青木昌彦、奥野正宽：《经济体制的比较制度分析》，魏加宁
　　等译，中国发展出版社，2005。

〔美〕R. 科斯、A. 阿尔钦、D. 诺斯等：《财产权利与制度变迁——产权
　　学派与新制度学派译文集》，刘守英译，上海三联书店，1994。

上海财经大学课题组：《2006 年中国产业发展报告——制造业的市
　　场结构、行为和绩效》，上海财经大学出版社，2006。

申坤：《基于 PLS – SEM 的烟草生产研究》，《中国市场》2018 年第 7
　　期。

申坤：《基于 SC 范式的中国烟草业产业特征分析》，《开发研究》
　　2018 年第 3 期。

申坤：《基于博弈论的流通产业安全问题探讨》，《中国流通经济》
　　2015 年第 1 期。

申坤：《基于博弈论的烟草流通和零售困境分析》，《新经济》2015

年第 2 期。

申坤：《烟草业生产规制研究综述》，《中国物价》2018 年第 5 期。

申坤：《中国烟草业规制的措施及演进分析》，《中国物价》2015 年第 10 期。

石忆邵、朱卫锋：《商贸流通产业竞争力评价初探——以南通市为例》，《财经研究》2004 年第 5 期。

〔美〕斯蒂芬·马丁：《高级产业经济学》（第二版），史东辉译，上海财经大学出版社，2003。

孙福山、陈江华、刘建利：《烟叶收购质量现状与改善等级结构技术探讨》，《中国烟草学报》2002 年第 2 期。

孙薇：《基于因子分析法的地区流通力比较研究》，《财贸研究》2005 年第 4 期。

〔法〕泰勒尔：《产业组织理论》，马捷等译，中国人民大学出版社，1998。

唐斌：《烟叶收购管理系统的推广应用研究》，湖南农业大学硕士学位论文，2008。

陶明：《专卖体制下的中国烟草业：理论、问题与制度变革》，学林出版社，2005。

汪世贵、李保江：《烟草行业"强者趋弱"的制度性梗阻——从烟草税收及相关财政政策角度分析》，《中国工业经济》2002 年第 4 期。

王彩霞：《内忧外患下的中国烟草专卖制度困境分析》，《吉林工商学院学报》2008 年第 4 期。

王德平：《基于 SCP 范式的中国烟草工业市场结构与绩效分析》，《北方经济》2008 年第 7 期。

王军：《烟草行业质量管理体系建设浅析》，《经营管理者》2009 年第 10 期。

王现军：《烟叶专卖品的市场化改革及政策调整取向》，中国农业科学院博士学位论文，2007。

王昕：《农村居民烟草暴露情况及烟草 KAP 调查研究》，山东大学硕士学位论文，2012。

〔美〕维斯库斯等：《反垄断与管制经济学》，陈甫军译，中国人民大学出版社，2010。

吴晓明：《烟草商业垄断中利益相关者的经济学分析——基于卷烟价格决定、投放结构、税收选择的考察》，《经济体制改革》2010年第 3 期。

〔美〕西奥多·W. 舒尔茨：《改造传统农业》，梁小民译，商务印书馆，2006。

徐从才：《流通经济学：过程、组织、政策》，中国人民大学出版社，2006。

许焘：《当前我国烟草行业政府规制中存在的问题与对策研究》，西北大学硕士学位论文，2008。

杨亚平、王先庆：《区域流通产业竞争力指标体系设计及测算初探》，《商讯商业经济文荟》2005 年第 1 期。

杨治：《产业经济学导论》，中国人民大学出版社，1985。

姚婷婷、毛正中、胡德伟：《价格与收入对中国居民卷烟需求和烟草控制的影响》，《现代预防医学》2010 年第 10 期。

喻保华：《中国烟草消费需求弹性分析》，《中国高新技术企业》2012 年第 7 期。

袁培元：《我国烟草产业组织结构调整分析》，云南财经大学硕士学位论文，2008。

〔美〕约翰·康芒斯：《制度经济学》，赵睿译，华夏出版社，2009。

张维迎：《博弈论与信息经济学》，上海三联书店，1997。

张五常：《中国的经济制度》，中信出版社，2009。

张先平：《基于 SCP 范式分析的我国烟草业市场行为研究》，天津工业大学硕士学位论文，2007。

张严柱：《中国烟草行业发展战略选择问题研究》，东北财经大学博士学位论文，2012。

张艳：《放松规制——中国烟草产业改革的市场化取向》，合肥工业大学出版社，2008。

张勇：《我国烟叶收购价格问题研究》，中国科学技术大学博士学位论文，2006。

〔日〕植草益：《产业组织论》，卢东斌译，中国人民大学出版社，1998。

中国物流技术协会信息中心：《2013 年度烟草行业物流系统建设市场研究报告》，2013。

周克清、戴鹏：《控烟背景下的烟草财政贡献度研究》，《西南民族大学学报》（人文社会科学版）2011 年第 9 期。

朱婧：《基于协同理论的烟草物流系统研究——以广东省为例》，广东商学院硕士学位论文，2012。

朱俊峰：《中国烟草产业发展研究》，吉林农业大学博士学位论文，2008。

朱仲珂：《烟草专卖局烟叶合同管理系统的分析与设计》，云南大学硕士学位论文，2013。

Adam B. Jaffe, Karen Palmer, "Environmental Regulation and Innovation: A Panel Data Study", *Review of Economics and Statistics*, 1997, 79 (4).

Adda, Jerome, Francesca Cornaglia, "Taxes, Cigarette Consumption, and Smoking Intensity: Reply", *American Economic Review*, 2013, 103 (7).

Adda, Jerome, Francesca Cornaglia, "Taxes, Cigarette Consumption, and Smoking Intensity", *American Economic Review*, 2006, 96 (4).

Adda, Jerome, Francesca Cornaglia, "The Effect of Bans and Taxes on Passive Smoking", *American Economic Journal: Applied Economics*, 2010, 2 (1).

Alfred E. Kahn, *The Economics of Regulation: Principles and Institutions*, The MIT Press, 1988.

Alison Snow Jones, W. David Austin, Robert H. Beach and David G. Altman, "Tobacco Farmers and Tobacco Manufacturers: Implications for Tobacco Control in Tobacco – Growing Developing Countries", *Journal of Public Health Policy*, 2008, 29 (4).

Allan M. Brandt, "FDA Regulation of Tobacco – Pitfalls and Possibilities", *The New England Journal of Medicine*, 2008, 359 (5).

Andrew M. Jones and Jose M. Labeaga, "Individual Heterogeneity and Censoring in Panel Data Estimates of Tobacco Expenditure", *Journal of Applied Econometrics*, 2003, 18.

Andrew M. Jones, "A Double – Hurdle Model of Cigarette Consumption", *Journal of Applied Econometrics*, 1989, 4.

Andrew M. Jones, "Health, Addiction, Social Interaction and the Decision to Quit Smoking", *Journal of Health Economics*, 1994, 13.

Andrew M. Jones. "Adjustment Costs, Withdrawal Effects, and Cigarette Addiction", *Journal of Health Economics*, 1999, 18.

Appelbaum E., "The Estimation of the Degree of Oligopoly Power", *Journal of Econometrics*, 1982, 19 (2 – 3).

Bannock, G., Baxter, R. E., and Davis, E., *The Penguin Dictionary of Economics*, Penguin, 1992.

Becky Freeman, Simon Chapman and Matthew Rimmer, "The Case for the Plain Packaging of Tobacco Products", *Addiction*, 2008, 103 (4).

Berg, S. V., Tschirhart J., *Natural Monopoly Regulation*, Cambridge University Press, 1988.

Bhuyan, S. and R. A. Lopez, "Oligopoly Power in the Food and Tobacco Industries", *Agricultural & Applied Economics Association*, 1997, 79 (3).

Brandow, G. E. "Market Power and Its Sources in the Food Industry", *American Journal of Agricultural Economics*, 1969, 51 (1).

Bresnahan, T. and Schmalensee, R., "The Empirical Renaissance in Industrial Economics: An Overview", *Journal of Industrial Economics*, 1987, 35.

Bresnahan, T. , "Copetition and Collusion in the American Automobile Industry: The 1955 Price War", *The Journal of Industrial Economics*, 1987, 35.

B. Peter Pashigian, "The Effect of Environmental Regulation on Optimal Plant Size and Factor Shares", *Journal of Law and Environment*, 1984, 27 (1).

Cowling, K. and Mueller, D. C. , "The Social Cost of Monopoly Power", *Economic Journal*, 1978, 12.

Cutler, D. , "The Economic Impacts of the Tobacco Settlement", *Journal of Policy Analysis and Management*, 2001, 1.

Daniel A. Sumner, "Measurement of Monopoly Behavior: An Application to the Cigarette Industry" , *Journal of Political Economy*, 1981, 89 (5).

Daniel Sullivan, "Testing Hypotheses about Firm Behavior in the Cigarette Industry", *Journal of Political Economy*, 1985, 93 (3).

Daniel S. Hamermesh, "Market Power and Wage Inflation", *Southern Economic Journal*, 1972, 39 (2).

David Merriman, "The Micro – Geography of Tax Avoidance: Evidence from Littered Cigarette Packs in Chicago", *American Economic Journal: Economic Policy*, 2010, 2 (2).

David Simpson and Sue Lee, "Tobacco: Public Perceptions and the Role of the Industry", *Journal of the Royal Statistical Society*, 2003, 166 (2).

Domowitz, I. , Hubbard, R. G. and Petersen, B. C. , "Market Structure and Cyclical Fluctuations in US Manufacturing", *The Review of Economics and Statistics*, 1988, 70 (1).

Eric W. Zitzewitz, "Competition and Long – Run Productivity Growth in the UK and US Tobacco Industries, 1879 – 1939", *Journal of Indus-*

trial Economics, 2003, 51 (1).

Evan Blecher, "The Impact of Tobacco Advertising Bans on Consumption in Developing Countries", *Journal of Health Economics*, 2008, 27.

Evans, William N. , and Matthew C. Farrelly, "The Compensating Behavior of Smokers: Taxes, Tar, and Nicotine", *RAND Journal of Economics*, 1998, 29 (3).

E. Kathleen Adams, Sara Markowitz, Viji Kannan, Patricia M. Dietz, Van T. Tong, Ann M. Malarcher, "Reducing Prenatal Smoking", *American Journal of Preventive Medicine*, 2012, 43 (1).

Farrelly, Matthew C. , Christian T. Nimsch, Andrew Hyland, and Michael K. Cummings, "The Effects of Higher Cigarette Prices on Tar and Nicotine Consumption in a Cohort of Adult Smokers", *Health Economics*, 2004, 13 (1).

Frank Chaloupka, "Rational Addictive Behavior and Cigarette Smoking", *Journal of Political Economy*, 1991, 99 (4).

Gary S. Becker and Kevin M. Murphy, "A Theory of Rational Addition", *Journal of Economy*, 1998.

Gary S. Becker, "A Theory of Competition among Pressure Groups for Political Influence", *Quarterly Journal of Economics*, 1983, 98 (3).

Gijsbert van Liemt, "The World Tobacco Industry: Trends and Prospects", Working Paper, International Labour Office, Geneva, 2002.

Goolsbee, Austan, Michael F. Lovenheim, and Joel Slemrod, "Playing with Fire: Cigarettes, Taxes, and Competition from the Internet", *American Economic Journal: Economic Policy*, 2010, 2 (1).

Hall, R. E. , "The Relation between Price and Marginal Cost in U. S. Industry", *Journal of Political Economy*, 1988, 96 (5).

Harding, Matthew, Ephraim Leibtag, and Michael Lovenheim, "The Heterogenous Geographic and Socieconomic Incidence of Cigarette Taxes:

Evidence from Nielson Homescan Data", *American Economic Journal: Economic Policy*, 2012, 4 (4).

Harold Demsetz, "Industry Structure, Market Rivalry, and Public Policy", *Journal of Law and Economics*, 1973, 16 (1).

Henry Saffer, Frank Chaloupka, "The Effect of Tobacco Advertising Bans on Tobacco Consumption", *Journal of Health Economics*, 2000, 19.

Irene Eng, "Agglomeration and the Local State: The Tobacco Economy of Yunnan, China", *Transactions of the Institute of British Geographers*, 1999, 3.

Jason Abrevaya and Laura Puzzello, "Taxes, Cigarette Consumption, and Smoking Intensity: Comment", *American Economic Review*, 2012, 102 (4).

Jason Abrevaya, "Estimating the Effect of Smoking on Birth Outcomes Using a Matched Panel Data Approach", *Journal of Applied Econometrics*, 2006, 21 (4).

Jean Olson Lanjouw, Ashoka Mody, "Innovation and the International Diffusion of Environmentally Responsive Technology", *Research Policy*, 1996, 25 (4).

Jennifer K. Rhoads, "The Effect of Comprehensive State Tobacco Control Programs on Adult Cigarette Smoking", *Journal of Health Economics*, 2012, 31.

Joshua S. Yang, Thomas E. Novotny, "Policy Coherence in US Tobacco Control: Beyond FDA Regulation", *PLOS Medicine*, 2009, 6 (5).

J. Barnoya, S. Glantz, "Tobacco Industry Success in Preventing Regulation of Secondhand Smoke in Latin America: The 'Latin Project'", *Tobacco Control*, 2002, 11 (4).

Kamhon Kan, "Cigarette Smoking and Self – Control", *Journal of Health Economics*, 2007, 26.

Keith Cowling and Dennis C. Mueller, "The Social Costs of Monopoly Power Revisited", *The Economic Journal*, 1981, 91 (363).

Kenneth S. Corts, "Conduct Parameters and the Measurement of Market Power", *Journal of Econometrics*, 1999, 88.

Li Way Lee, "A Theory of Just Regulation", *The American Economic Review*, 1980, 70 (5).

Liebeler, Wesley, J., "Market Power and Competitive Superiority in Concentrated Industries", *UCLA Law Review*, 1978, 25.

Mark H. Showalter, "Firm Behavior in a Market with Addiction: The Case of Cigarettes", *Journal of Health Economics*, 1999, 18.

Mark J. Roberts, Larry Samuelson, "An Empirical Analysis of Dynamic, Nonprice Competition in an Oligopolistic Industry", *The RAND Journal of Economics*, 1988, 19 (2).

Mark Stehr, "Cigarette Tax Avoidance and Evasion", *Journal of Health Economics*, 2005, 24.

Martin G. Otanez, Hadii M. Mamudu and Stanton A. Glantz, "Tobacco Companies' Use of Developing Countries' Economic Reliance on Tobacco to Lobby against Global Tobacco Control: The Case of Malawi", *Healthy Policy and Ethics*, 2009, 99 (10).

Michael Grossman, Jody L. Sindelar, John Mullahy, and Richard Anderson, "Policy Watch, Alcohol and Cigarette Taxes", *Journal of Economic Perspectives*, 1993, 7 (4).

Michael T. Sumner and Robert Ward, "Tax Changes and Cigarette Prices", *Journal of Political Economy*, 1981, 89 (6).

Monique E. Muggli, Richard D. Hurt, D. Douglas Blanke, "Science for Hire: A Tobacco Industry Strategy to Influence Public Opinion on Secondhand Smoke", *Nicotine & Tobacco Research*, 2003, 5.

Pamela M. Ling and Stanton A. Glantz, "Using Tobacco – Industry Marketing Research to Design More Effective Tobacco – Control Campaigns", *American Medical Association*, 2002, 22.

Pashigan, B. P. , "The Effects of Environmental Regulation on Optimal Plant Size and Factor Share", *Journal of Law and Environment*, 1984, 27 (1) .

Patricia A. McDaniel, Gina Solomon, Ruth E. Malone. "The Tobacco Industry and Pesticide Regulations: Case Studies from Tobacco Industry Archives", *Environmental Health Perspectives*, 2005, 113 (12) .

Paul G. Barnett, Theodore E. Keeler, Teh – wei Hu, "Oligopoly Structure and the Incidence of Cigarette Excise Taxes", *Journal of Public Economics*, 1995, 57.

Peltzman, S. , "Toward a More General Theory of Regulation", *Journal of Law and Economics*, 1976, 19 (2) .

Per G. Fredriksson, Khawaja A. Mamun, "Vertical Externalities in Cigarette Taxation: Do Tax Revenues Go Up in Smoke?" *Journal of Urban Economics*, 2008, 64.

Philip DeCicca, Donald Kenkel, Feng Liu, "Who Pays Cigarette Taxes? The Impact of Consumer Price Search", *Review of Economics and Statistics*, 2013, 95 (2) .

Philip DeCicca, Logan McLeod, "Cigarette Taxes and Older Adult Smoking: Evidence from Recent Large Tax Increases", *Journal of Health Economics*, 2008, 27.

Posner R. A. , "Theories of Economic Regulation", *Bell Journal of Economics & Management Science*, 1974, 5 (2) .

Raper, K. C. , Love, H. A. and Shumway, C. R. , "Determining Market Power Exertion between Buyers and Sellers", *Journal of Applied Econometrics*, 2000.

Richard A. Posner, "Theories of Economic Regulation", *The Bell Journal of Economics and Management Science*, 1974, 5 (2).

Robert S. Chirinko and Steven M. Fazzari, "Market Power and Inflation", *The Review of Economics and Statistics*, 2000, 82 (3).

Roeger, W., "Can Imperfect Competition Explain the Difference between Primal and Dual Productivity Measures? Estimates for U. S. Manufacturing", *Journal of Political Economy*, 1995, 103 (2).

Rosemary Avery, Donald Kenkel, Dean R. Lillard, and Alan Mathios, "Private Profits and Public Health: Does Advertising of Smoking Cessation Products Encourage Smokers to Quit?" *Journal of Political Economy*, 2007, 115 (3).

Russell S. Sobel and Thomas A. Garrett, "Taxation and Product Quality: New Evidence from Generic Cigarettes", *Journal of Political Economy*, 1997, 105 (4).

Ryo Nakajima, "Measuring Peer Effects on Youth Smoking Behaviour", *The Review of Economic Studies*, 2007, 74 (3).

Sayan Chatterjee, "Gains in Vertical Acquisitions and Market Power: Theory and Evidence", *The Academy of Management Journal*, 1991, 34 (2).

Schroeter, John R., "Estimating the Degree of Market Power in the Beef Packing Industry", *The Review of Economics and Statistics*, 1988, 70 (1).

Sophia Delipalla, Owen O'Donnell, "Estimating Tax Incidence, Market Power and Market Conduct: The European Cigarette Industry", *International Journal of Industrial Organization*, 2001, 19.

Stigler G. J., "The Theory of Economic Regulation", *Bell Journal of Economics & Management Science*, 1971, 2 (1).

Terry R. Johnson, "Additional Evidence on the Effects of Alternative Taxes on Cigarette Prices", *Journal of Political Economy*, 1978, 86 (2).

Varian, H. R., "The Nonparametric Approach to Production Analysis",

Econometrica, 1984, 52 (3).

Von Lampe, K., Kurti, M. K., Shen, A. and Antonopoulos, G. A., "The Changing Role of China in the Global Illegal Cigarette Trade", *International Criminal Justice Review*, 2012, 22 (1).

Walter Haessel and John Palmer, "Market Power and Employment Discrimination", *The Journal of Human Resources*, 1978, 13 (4).

World Health Organization, "Tobacco Industry Interference with Tobacco Control", WHO Tobacco Control Papers, 2009.

W. David Bradford, "Pregnancy and the Demand for Cigarettes", *American Economic Review*, 2003, 93 (5).

W. Kip Viscusi, "Do Smokers Underestimate Risks?" *Journal of Political Economy*, 1990, 98 (6).

Xepapadeas, A., de Zeeuw, A. J., "Environmental Policy and Competitiveness: The Porter Hypothesis and the Composition of Capital", *Journal of Environmental Economics and Management*, 1999, 37.

Young, D., "Firms, Market Power, Endogenous Preferences and the Focus of Competition Policy", *Review of Political Economy*, 2000, 12 (1).

Zhou, Huizhong, "Implications of Interjurisdictional Competition in Transition: The Case of the Chinese Tobacco Industry", *Journal of Comparative Economics*, 2001, 29 (1).

Zhou, Huizhong, "The Fiscal Systems and the Chinese Tobacco Industry", *China Economic Review*, 2000, 11.

附　录

中华人民共和国烟草专卖法（2015 年修订）

（1991 年 6 月 29 日第七届全国人民代表大会常务委员会第二十次会议通过；1991 年 6 月 29 日中华人民共和国主席令第四十六号公布；自 1992 年 1 月 1 日起施行；根据 2009 年 8 月 27 日第十一届全国人民代表大会常务委员会第十次会议《关于修改部分法律的决定》第一次修正；根据 2013 年 12 月 28 日中华人民共和国第十二届全国人民代表大会常务委员会第六次会议《全国人民代表大会常务委员会关于修改〈中华人民共和国海洋环境保护法〉等七部法律的决定》第二次修正；根据 2015 年 4 月 24 日中华人民共和国第十二届全国人民代表大会常务委员会第十四次会议《全国人民代表大会常务委员会关于修改〈中华人民共和国计量法〉等五部法律的决定》第三次修订，中华人民共和国主席令第 26 号公布，自公布之日起施行。）

目　录

第四章　烟草制品的销售和运输

第五章　卷烟纸、滤嘴棒、烟用丝束、烟草专用机械的生产和销售

第六章　进出口贸易和对外经济技术合作

第七章　法律责任

第八章　附则

第一章　总则

第一条　为实行烟草专卖管理，有计划地组织烟草专卖品的生产和经营，提高烟草制品质量，维护消费者利益，保证国家财政收入，制定本法。

第二条　本法所称烟草专卖品是指卷烟、雪茄烟、烟丝、复烤烟叶、烟叶、卷烟纸、滤嘴棒、烟用丝束、烟草专用机械。

卷烟、雪茄烟、烟丝、复烤烟叶统称烟草制品。

第三条　国家对烟草专卖品的生产、销售、进出口依法实行专卖管理，并实行烟草专卖许可证制度。

第四条　国务院烟草专卖行政主管部门主管全国烟草专卖工作。省、自治区、直辖市烟草专卖行政主管部门主管本辖区的烟草专卖工作，受国务院烟草专卖行政主管部门和省、自治区、直辖市人民政府的双重领导，以国务院烟草专卖行政主管部门的领导为主。

第五条　国家加强对烟草专卖品的科学研究和技术开发，提高烟草制品的质量，降低焦油和其他有害成份的含量。

国家和社会加强吸烟危害健康的宣传教育，禁止或者限制在公共交通工具和公共场所吸烟，劝阻青少年吸烟，禁止中小学生吸烟。

第六条　国家在民族自治地方实行烟草专卖管理，应当依照本法和民族区域自治法的有关规定，照顾民族自治地方的利益，对民族自治地方的烟叶种植和烟草制品生产给予照顾。

第二章　烟叶的种植、收购和调拨

第七条　本法所称烟叶是指生产烟草制品所需的烤烟和名晾晒烟，名晾晒烟的名录由国务院烟草专卖行政主管部门规定。

未列入名晾晒烟名录的其他晾晒烟可以在集市贸易市场出售。

第八条　烟草种植应当因地制宜地培育和推广优良品种。优良品种由当地烟草公司组织供应。

第九条　烟叶收购计划由县级以上地方人民政府计划部门根据国务院计划部门下达的计划下达，其他单位和个人不得变更。

烟草公司或者其委托单位应当与烟叶种植者签订烟叶收购合同。烟叶收购合同应当约定烟叶种植面积、烟叶收购价格。

第十条　烟叶由烟草公司或者其委托单位按照国家规定的收购标准统一收购，其他单位和个人不得收购。

烟草公司及其委托单位对烟叶种植者按照烟叶收购合同约定的种植面积生产的烟叶，应当按照合同约定的收购价格全部收购，不得压级压价，并妥善处理收购烟叶发生的纠纷。

第十一条　省、自治区、直辖市之间的烟叶、复烤烟叶的调拨计划由国务院计划部门下达，省、自治区、直辖市辖区内的烟叶、复烤烟叶的调拨计划由省、自治区、直辖市计划部门下达，其他单位和个人不得变更。

烟叶、复烤烟叶的调拨必须签订合同。

第三章　烟草制品的生产

第十二条　开办烟草制品生产企业，必须经国务院烟草专卖行政主管部门批准，取得烟草专卖生产企业许可证，并经工商行政管理部门核准登记；其分立、合并、撤销，必须经国务院烟草专卖行政主管部门批准，并向工商行政管理部门办理变更、注销登记手续。未取得烟草专卖生产企业许可证的，工商行政管理部门不得核准登记。

第十三条　烟草制品生产企业为扩大生产能力进行基本建设或者技术改造，必须经国务院烟草专卖行政主管部门批准。

第十四条　省、自治区、直辖市的卷烟、雪茄烟年度总产量计划由国务院计划部门下达。烟草制品生产企业的卷烟、雪茄烟年度总产量计划，由省级烟草专卖行政主管部门根据国务院计划部门下达的计划，结合市场销售情况下达，地方人民政府不得向烟草制品生产企业下达超产任务。烟草制品生产企业根据市场销售情况，需要超过年度总产量计划生产卷烟、雪茄烟，必须经国务院烟草专卖行政主管部门批准。

全国烟草总公司根据国务院计划部门下达的年度总产量计划向省级烟草公司下达分等级、分种类的卷烟产量指标。省级烟草公司根据全国烟草总公司下达的分等级、分种类的卷烟产量指标，结合市场销售情况，向烟草制品生产企业下达分等级、分种类的卷烟产量指标。烟草制品生产企业可以根据市场销售情况，在该企业的年度总产量计划的范围内，对分等级、分种类的卷烟产量指标适当调整。

第四章　烟草制品的销售和运输

第十五条　经营烟草制品批发业务的企业，必须经国务院烟草专卖行政主管部门或者省级烟草专卖行政主管部门批准，取得烟草专卖批发企业许可证，并经工商行政管理部门核准登记。

第十六条　经营烟草制品零售业务的企业或者个人，由县级人民政府工商行政管理部门根据上一级烟草专卖行政主管部门的委托，审查批准发给烟草专卖零售许可证。已经设立县级烟草专卖行政主管部门的地方，也可以由县级烟草专卖行政主管部门审查批准发给烟草专卖零售许可证。

第十七条　国家制定卷烟、雪茄烟的焦油含量级标准。卷烟、雪茄烟应当在包装上标明焦油含量级和"吸烟有害健康"。

第十八条　禁止在广播电台、电视台、报刊播放、刊登烟草制品广告。

第十九条　卷烟、雪茄烟和有包装的烟丝必须申请商标注册，未经核准注册的，不得生产、销售。

禁止生产、销售假冒他人注册商标的烟草制品。

第二十条　烟草制品商标标识必须由省级工商行政管理部门指定的企业印制；非指定的企业不得印制烟草制品商标标识。

第二十一条　托运或者自运烟草专卖品必须持有烟草专卖行政主管部门或者烟草专卖行政主管部门授权的机构签发的准运证；无准运证的，承运人不得承运。

第二十二条　邮寄、异地携带烟叶、烟草制品的，不得超过国务院有关主管部门规定的限量。

第二十三条　个人进入中国境内携带烟草制品的，不得超过国务院有关主管部门规定的限量。

第五章　卷烟纸、滤嘴棒、烟用丝束、烟草专用机械的生产和销售

第二十四条　生产卷烟纸、滤嘴棒、烟用丝束、烟草专用机械的企业，必须报国务院烟草专卖行政主管部门批准，取得烟草专卖生产企业许可证。

本法所称烟草专用机械是指烟草专用机械的整机。

第二十五条　生产卷烟纸、滤嘴棒、烟用丝束、烟草专用机械的企业，应当按照国务院烟草专卖行政主管部门的计划以及与烟草制品生产企业签订的订货合同组织生产。

第二十六条　生产卷烟纸、滤嘴棒、烟用丝束、烟草专用机械的企业，只可将产品销售给烟草公司和持有烟草专卖生产企业许可证的烟草制品生产企业。

第六章　进出口贸易和对外经济技术合作

第二十七条　国务院烟草专卖行政主管部门根据国务院规定，管理烟草行业的进出口贸易和对外经济技术合作。

第七章　法律责任

第二十八条　违反本法规定擅自收购烟叶的，由烟草专卖行政主管部门处以罚款，并按照查获地省级烟草专卖行政主管部门出具的上年度烟叶平均收购价格的百分之七十收购违法收购的烟叶；数量巨大的，没收违法收购的烟叶和违法所得。

第二十九条　无准运证或者超过准运证规定的数量托运或者自运烟草专卖品的，由烟草专卖行政主管部门处以罚款，可以按照查获地省级烟草专卖行政主管部门出具的上年度烟叶平均收购价格的百分之七十收购违法运输的烟叶，按照市场批发价格的百分之七十收购违法运输的除烟叶外的其他烟草专卖品；情节严重的，没收违法运输的烟草专卖品和违法所得。

承运人明知是烟草专卖品而为无准运证的单位、个人运输的，由烟草专卖行政主管部门没收违法所得，并处罚款。

超过国家规定的限量异地携带烟叶、烟草制品，数量较大的，依照第一款的规定处理。

第三十条　无烟草专卖生产企业许可证生产烟草制品的，由烟草专卖行政主管部门责令关闭，没收违法所得，并处罚款。

无烟草专卖生产企业许可证生产卷烟纸、滤嘴棒、烟用丝束或者烟草专用机械的，由烟草专卖行政主管部门责令停止生产上述产品，没收违法所得，可以并处罚款。

第三十一条　无烟草专卖批发企业许可证经营烟草制品批发业务的，由烟草专卖行政主管部门责令关闭或者停止经营烟草制品批发业务，没收违法所得，并处罚款。

第三十二条　无烟草专卖零售许可证经营烟草制品零售业务的，由工商行政管理部门责令停止经营烟草制品零售业务，没收违法所得，并处罚款。

第三十三条　生产、销售没有注册商标的卷烟、雪茄烟、有包装的烟丝的，由工商行政管理部门责令停止生产、销售，并处罚款。

生产、销售假冒他人注册商标的烟草制品的，由工商行政管理部门责令停止侵权行为，赔偿被侵权人的损失，可以并处罚款；构成犯罪的，依法追究刑事责任。

第三十四条　违反本法第二十一条的规定，非法印制烟草制品商标标识的，由工商行政管理部门销毁印制的商标标识，没收违法所得，并处罚款。

第三十五条　倒卖烟草专卖品，构成犯罪的，依法追究刑事责任；情节轻微，不构成犯罪的，由工商行政管理部门没收倒卖的烟草专卖品和违法所得，可以并处罚款。

烟草专卖行政主管部门和烟草公司工作人员利用职务上的便利犯前款罪的，依法从重处罚。

第三十六条　伪造、变造、买卖本法规定的烟草专卖生产企业许可证、烟草专卖经营许可证等许可证件和准运证的，依照刑法有关规定追究刑事责任。

烟草专卖行政主管部门和烟草公司工作人员利用职务上的便利犯前款罪的，依法从重处罚。

第三十七条　走私烟草专卖品，构成走私罪的，依照刑法有关规定追究刑事责任；走私烟草专卖品，数额不大，不构成走私罪的，由海关没收走私货物、物品和违法所得，可以并处罚款。

烟草专卖行政主管部门和烟草公司工作人员利用职务上的便利犯前款罪的，依法从重处罚。

第三十八条 烟草专卖行政主管部门有权对本法实施情况进行检查。以暴力、威胁方法阻碍烟草专卖检查人员依法执行职务的，依法追究刑事责任；拒绝、阻碍烟草专卖检查人员依法执行职务未使用暴力、威胁方法的，由公安机关依照治安管理处罚法的规定处罚。

第三十九条 人民法院和处理违法案件的有关部门的工作人员私分没收的烟草制品，依照刑法有关规定追究刑事责任。

人民法院和处理违法案件的有关部门的工作人员购买没收的烟草制品的，责令退还，可以给予行政处分。

第四十条 烟草专卖行政主管部门和烟草公司的工作人员滥用职权、徇私舞弊或者玩忽职守的，给予行政处分；情节严重，构成犯罪的，依法追究刑事责任。

第四十一条 当事人对烟草专卖行政主管部门和工商行政管理部门作出的行政处罚决定不服的，可以在接到处罚通知之日起十五日内向作出处罚决定的机关的上一级机关申请复议；当事人也可以在接到处罚通知之日起十五日内直接向人民法院起诉。

复议机关应当在接到复议申请之日起六十日内作出复议决定。当事人对复议决定不服的，可以在接到复议决定之日起十五日内向人民法院起诉；复议机关逾期不作出复议决定的，当事人可以在复议期满之日起十五日内向人民法院起诉。

当事人逾期不申请复议也不向人民法院起诉、又不履行处罚决定的，作出处罚决定的机关可以申请人民法院强制执行。

第八章 附则

第四十二条 国务院根据本法制定实施条例。

第四十三条　本法自 1992 年 1 月 1 日起施行。1983 年 9 月 23 日国务院发布的《烟草专卖条例》同时废止。

中华人民共和国烟草专卖法实施条例
中华人民共和国国务院令　第 223 号

现发布《中华人民共和国烟草专卖法实施条例》，自发布之日起施行。

国务院总理：李鹏
一九九七年七月三日

第一章　总则

第一条　根据《中华人民共和国烟草专卖法》（以下简称《烟草专卖法》），制定本条例。

第二条　烟草专卖是指国家对烟草专卖品的生产、销售和进出口业务实行垄断经营、统一管理的制度。

第三条　烟草专卖品中的烟丝是指用烟叶、复烤烟叶、烟草薄片为原料加工制成的丝、末、粒状商品。

第四条　国务院和省、自治区、直辖市的烟草专卖行政主管部门职责及领导体制，依照《烟草专卖法》第四条的规定执行。设有烟草专卖行政主管部门的市、县，由市、县烟草专卖行政主管部门主管本行政区内的烟草专卖工作，受上一级烟草专卖行政主管部门和本级人民政府的双重领导，以上一级烟草专卖行政主管部门的领导为主。

第五条　国家对卷烟、雪茄烟焦油含量和用于卷烟、雪茄烟的主要添加剂实行控制。烟草制品生产企业不得违反国家有关规定使用有害的添加剂和色素。

第二章　烟草专卖许可证

第六条　从事烟草专卖品的生产、批发、零售业务，以及经营烟草专卖品进出口业务和经营外国烟草制品购销业务的，必须依照《烟草专卖法》和本条例的规定，申请领取烟草专卖许可证。

烟草专卖许可证分为：

（一）烟草专卖生产企业许可证；

（二）烟草专卖批发企业许可证；

（三）烟草专卖零售许可证；

（四）特种烟草专卖经营企业许可证。

第七条　取得烟草专卖生产企业许可证，应当具备下列条件：

（一）有与生产烟草专卖品相适应的资金；

（二）有生产烟草专卖品所需要的技术、设备条件；

（三）符合国家烟草行业的产业政策要求；

（四）国务院烟草专卖行政主管部门规定的其他条件。

第八条　取得烟草专卖批发企业许可证，应当具备下列条件：

（一）有与经营烟草制品批发业务相适应的资金；

（二）有固定的经营场所和必要的专业人员；

（三）符合烟草专卖批发企业合理布局的要求；

（四）国务院烟草专卖行政主管部门规定的其他条件。

第九条　取得烟草专卖零售许可证，应当具备下列条件：

（一）有与经营烟草制品零售业务相适应的资金；

（二）有固定的经营场所；

（三）符合烟草制品零售点合理布局的要求；

（四）国务院烟草专卖行政主管部门规定的其他条件。

第十条　取得特种烟草专卖经营企业许可证，应当具备下列条件：

（一）有与经营特种烟草专卖品业务相适应的资金；

（二）有固定的经营场所和必要的专业人员；

（三）符合经营外国烟草专卖品业务合理布局的要求；

（四）国务院烟草专卖行政主管部门规定的其他条件。

第十一条　烟草专卖行政主管部门依照《烟草专卖法》及本条例的规定，发放烟草专卖许可证和烟草专卖品准运证并实施管理。

第十二条　申请领取烟草专卖生产企业许可证的，应当向省、自治区、直辖市（以下简称省级）烟草专卖行政主管部门提出申请，由省级烟草专卖行政主管部门审查签署意见，报国务院烟草专卖行政主管部门审批发证。

第十三条　申请领取烟草专卖批发企业许可证，进行跨省、自治区、直辖市经营的，应当向省级烟草专卖行政主管部门提出申请，由省级烟草专卖行政主管部门审查签署意见，报国务院烟草专卖行政主管部门审批发证。

申请领取烟草专卖批发企业许可证，在省、自治区、直辖市范围内经营的，应当向企业所在地烟草专卖行政主管部门提出申请，由企业所在地烟草专卖行政主管部门审查签署意见，报省级烟草专卖行政主管部门审批发证。

第十四条　申请领取烟草专卖零售许可证，依照《烟草专卖法》的规定办理。

第十五条　申请领取特种烟草专卖经营企业许可证、经营烟草专卖品进出口业务和经营外国烟草制品购销业务的，应当向省级烟草专卖行政主管部门提出申请，由省级烟草专卖行政主管部门审查签署意见，报国务院烟草专卖行政主管部门审批发证。

申请领取特种烟草专卖经营企业许可证，在海关监管区内经营免税的外国烟草制品购销业务的，应当向企业所在地烟草专卖行政主管部门提出申请，由企业所在地烟草专卖行政主管部门审查签署意见，报省级烟草专卖行政主管部门审批发证。

第十六条　烟草专卖许可证的发证机关可以定期或者不定期地对取得烟草专卖许可证的企业、个人进行检查。经检查不符合《烟草专卖法》和本条例规定条件的，烟草专卖许可证的发证机关可以责令暂停烟草专卖业务、进行整顿，直至取消其从事烟草专卖业务的资格。

烟草专卖许可证的具体管理办法，由国务院烟草专卖行政主管部门根据本条例的规定制定。

第三章　烟叶的种植、收购和调拨

第十七条　国务院烟草专卖行政主管部门按照合理布局的要求，会同有关省、自治区、直辖市人民政府依据国家计划，根据良种化、区域化、规范化的原则制定烟叶种植规划。

第十八条　烟叶由烟草公司或其委托单位依法统一收购。烟草公司或其委托单位根据需要，可以在国家下达烟叶收购计划的地区设立烟叶收购站（点）收购烟叶。设立烟叶收购站（点），应当经省级烟草专卖行政主管部门批准。未经批准，任何单位和个人不得收购烟叶。

第十九条　地方烟草专卖行政主管部门组织同级有关部门和烟叶生产者的代表组成烟叶评级小组，协调烟叶收购等级评定工作。

第二十条　国家储备、出口烟叶的计划和烟叶调拨计划，由国务院计划部门下达。

第四章　烟草制品的生产

第二十一条　设立烟草制品生产企业，应当由省级烟草专卖行政主管部门报经国务院烟草专卖行政主管部门批准，取得烟草专卖生产企业许可证，并经工商行政管理部门核准登记。

第二十二条 烟草制品生产企业必须严格执行国家下达的生产计划。

第二十三条 禁止使用霉烂烟叶生产卷烟、雪茄烟和烟丝。

第二十四条 卷烟、雪茄烟和有包装的烟丝，应当使用注册商标；申请注册商标，应当持国务院烟草专卖行政主管部门的批准生产文件，依法申请注册。

第五章　烟草制品的销售

第二十五条 取得烟草专卖批发企业许可证的企业，应当在许可证规定的经营范围和地域范围内，从事烟草制品的批发业务。

取得烟草专卖零售许可证的企业或者个人，应当在当地的烟草专卖批发企业进货，并接受烟草专卖许可证发证机关的监督管理。

第二十六条 无烟草专卖批发企业许可证的单位或者个人，一次销售卷烟、雪茄烟 50 条以上的，视为无烟草专卖批发企业许可证从事烟草制品批发业务。

第二十七条 任何单位或者个人不得销售非法生产的烟草制品。

第二十八条 烟草专卖生产企业和烟草专卖批发企业，不得向无烟草专卖零售许可证的单位或者个人提供烟草制品。

第二十九条 在中国境内销售的卷烟、雪茄烟，应当在小包、条包上标注焦油含量级和"吸烟有害健康"的中文字样。

第三十条 国务院烟草专卖行政主管部门在必要时，可以根据市场供需情况下达省、自治区、直辖市之间的卷烟、雪茄烟调拨任务。

第三十一条 严禁销售霉坏、变质的烟草制品。霉坏、变质的烟草制品，由烟草专卖行政主管部门或者有关行政管理部门监督销毁。

第三十二条 有关部门依法查获的假冒商标烟草制品，应当交由烟草专卖行政主管部门按照国家有关规定公开销毁，禁止以任何方式销售。

第三十三条 假冒商标烟草制品的鉴别检测工作，由国务院产品质量监督管理部门和省、自治区、直辖市人民政府产品质量监督管理部门指定的烟草质量检测站进行。

第六章 烟草专卖品的运输

第三十四条 烟草专卖品准运证由省级以上烟草专卖行政主管部门或其授权的机构审批、发放。烟草专卖品准运证的管理办法由国务院烟草专卖行政主管部门制定。

第三十五条 跨省、自治区、直辖市运输进口的烟草专卖品、国产烟草专用机械和烟用丝束、滤嘴棒以及分切的进口卷烟纸，应当凭国务院烟草专卖行政主管部门或其授权的机构签发的烟草专卖品准运证办理托运或者自运。

跨省、自治区、直辖市运输除国产烟草专用机械、烟用丝束、滤嘴棒以及分切的进口卷烟纸以外的其他国产烟草专卖品，应当凭国务院烟草专卖行政主管部门或者省级烟草专卖行政主管部门签发的烟草专卖品准运证办理托运或者自运。

在省、自治区、直辖市内跨市、县运输烟草专卖品，应当凭省级烟草专卖行政主管部门或其授权的机构签发的烟草专卖品准运证办理托运或者自运。

运输依法没收的走私烟草专卖品，应当凭国务院烟草专卖行政主管部门签发的烟草专卖品准运证办理托运或者自运。

第三十六条 有下列情形之一的，为无烟草专卖品准运证运输烟草专卖品：

（一）超过烟草专卖品准运证规定的数量和范围运输烟草专卖品的；

（二）使用过期、涂改、复印的烟草专卖品准运证的；

（三）无烟草专卖品准运证又无法提供在当地购买烟草专卖品的有效证明的；

（四）无烟草专卖品准运证运输烟草专卖品的其他行为。

第三十七条　海关监管的烟草制品的转关运输，按照国家有关海关转关运输的规定办理运输手续。

第七章　卷烟纸、滤嘴棒、烟用丝束、烟草专用机械的生产和销售

第三十八条　烟草专卖批发企业和烟草制品生产企业只能从取得烟草专卖生产企业许可证、特种烟草专卖经营企业许可证的企业购买卷烟纸、滤嘴棒、烟用丝束和烟草专用机械。

卷烟纸、滤嘴棒、烟用丝束、烟草专用机械的生产企业不得将其产品销售给无烟草专卖生产企业许可证的单位或者个人。

第三十九条　烟草专用机械的购进、出售、转让，必须经国务院烟草专卖行政主管部门批准。

烟草专用机械的名录由国务院烟草专卖行政主管部门规定。

第四十条　任何单位或者个人不得销售非法生产的烟草专用机械、卷烟纸、滤嘴棒及烟用丝束。

淘汰报废、非法拼装的烟草专用机械，残次的卷烟纸、滤嘴棒、烟用丝束及下脚料，由当地烟草专卖行政主管部门监督处理，不得以任何方式销售。

第八章　进出口贸易和对外经济技术合作

第四十一条　设立外商投资的烟草专卖生产企业，应当报经国

务院烟草专卖行政主管部门审查同意后，方可按照国家有关规定批准立项。

第四十二条 进口烟草专卖品只能由取得特种烟草专卖经营企业许可证的企业经营。其进口烟草专卖品的计划应当报国务院烟草专卖行政主管部门审查批准。

第四十三条 免税进口的烟草制品应当存放在海关指定的保税仓库内，并由国务院烟草专卖行政主管部门指定的地方烟草专卖行政主管部门与海关共同加锁管理。海关凭国务院烟草专卖行政主管部门批准的免税进口计划分批核销免税进口外国烟草制品的数量。

第四十四条 在海关监管区内经营免税的卷烟、雪茄烟的，只能零售，并应当在卷烟、雪茄烟的小包、条包上标注国务院烟草专卖行政主管部门规定的专门标志。

第四十五条 专供出口的卷烟、雪茄烟，应当在小包、条包上标注"专供出口"中文字样。

第九章 监督检查

第四十六条 烟草专卖行政主管部门依法对执行《烟草专卖法》及本条例的情况进行监督、检查，查处违反《烟草专卖法》及本条例的案件，并会同国家有关部门查处烟草专卖品的走私贩私、假冒伪劣行为。

第四十七条 开办烟草专卖品交易市场，应当报经国务院烟草专卖行政主管部门审查批准。未经审查批准设立的烟草专卖品交易市场，所在地县级以上人民政府应当予以取缔。

第四十八条 国务院烟草专卖行政主管部门在必要时，可以根据烟草专卖工作的实际情况，在重点地区设立派出机构；省级烟草专卖行政主管部门在必要时，可以向烟草专卖品生产、经营企业派驻人员。派出机构和派驻人员在派出部门的授权范围内监督、检查烟草专卖品的生产、经营活动。

第四十九条　烟草专卖行政主管部门查处违反《烟草专卖法》和本条例的案件时，可以行使下列职权：

（一）询问违法案件的当事人、嫌疑人和证人；

（二）检查违法案件当事人的经营场所，依法对违法生产或者经营的烟草专卖品进行处理；

（三）查阅、复制与违法活动有关的合同、发票、帐册、单据、记录、文件、业务函电和其他资料。

第五十条　烟草专卖行政主管部门或者烟草专卖行政主管部门会同有关部门，可以依法对非法运输烟草专卖品的活动进行检查、处理。

第五十一条　人民法院和行政机关依法没收的烟草专卖品以及充抵罚金、罚款和税款的烟草专卖品，按照国家有关规定进行拍卖的，竞买人应当持有烟草专卖批发企业许可证；参与外国烟草制品拍卖的竞买人，应当持有特种烟草专卖经营企业许可证。

依法设立的拍卖企业拍卖烟草专卖品，应当对竞买人进行资格验证。拍卖企业拍卖烟草专卖品，应当接受烟草专卖行政主管部门的监督。

第五十二条　烟草专卖行政主管部门的专卖管理检查人员执行公务时，应当佩戴国务院烟草专卖行政主管部门制发的徽章，出示省级以上烟草专卖行政主管部门签发的检查证件。

第五十三条　对检举烟草专卖违法案件的有功单位和个人，给予奖励。

第十章　法律责任

第五十四条　依照《烟草专卖法》第三十条规定处罚的，按照下列规定执行：

（一）擅自收购烟叶的，可以处非法收购烟叶价值 20% 以上 50% 以下的罚款，并按照国家规定的价格收购违法收购的烟叶；

（二）擅自收购烟叶 1000 公斤以上的，依法没收其违法收购的烟叶和违法所得。

第五十五条　依照《烟草专卖法》第三十一条规定处罚的，按照下列规定执行：

（一）无准运证或者超过准运证规定的数量托运或者自运烟草专卖品的，处以违法运输的烟草专卖品价值 20% 以上 50% 以下的罚款，可以按照国家规定的价格收购违法运输的烟草专卖品。

（二）有下列情形之一的，没收违法运输的烟草专卖品和违法所得：

1. 非法运输的烟草专卖品价值超过 5 万元或者运输卷烟数量超过 100 件（每 1 万支为 1 件）的；

2. 被烟草专卖行政主管部门处罚两次以上的；

3. 抗拒烟草专卖行政主管部门的监督检查人员依法实施检查的；

4. 非法运输走私烟草专卖品的；

5. 运输无烟草专卖生产企业许可证的企业生产的烟草专卖品的；

6. 利用伪装非法运输烟草专卖品的；

7. 利用特种车辆运输烟草专卖品逃避检查的；

8. 其他非法运输行为，情节严重的。

（三）承运人明知是烟草专卖品而为无准运证的单位、个人运输的，没收违法所得，可以并处违法运输的烟草专卖品价值 10% 以上 20% 以下的罚款。

（四）邮寄、异地携带烟叶、烟草制品超过国务院有关部门规定的限量一倍以上的，依照本条第（一）项的规定处罚。

第五十六条　依照《烟草专卖法》第三十二条规定处罚的，按照下列规定执行：

（一）无烟草专卖生产企业许可证生产烟草制品的，由烟草专卖行政主管部门责令关闭，没收违法所得，处以所生产烟草制品价值一倍以上两倍以下的罚款，并将其违法生产的烟草制品公开销毁；

（二）无烟草专卖生产企业许可证生产卷烟纸、滤嘴棒、烟用丝束或者烟草专用机械的，由烟草专卖行政主管部门责令停止生产，没收违法所得，处以违法生产的烟草专卖品价值一倍以上两倍以下的罚款，并将其违法生产的烟草专卖品公开销毁。

第五十七条　依照《烟草专卖法》第三十三条规定，无烟草专卖批发企业许可证经营烟草制品批发业务的，由烟草专卖行政主管部门责令关闭或者停止经营烟草制品批发业务，没收违法所得，处以违法批发的烟草制品价值50%以上一倍以下的罚款。

第五十八条　依照《烟草专卖法》第三十四条处罚的，按照下列规定执行：

（一）无特种烟草专卖经营企业许可证经营烟草专卖品进出口业务的，由烟草专卖行政主管部门责令停止经营上述业务，没收违法所得，处以违法经营的烟草专卖品价值50%以上一倍以下的罚款；

（二）无特种烟草专卖经营企业许可证经营外国烟草制品购销业务的，由烟草专卖行政主管部门责令停止经营上述业务，没收违法所得，处以违法经营的烟草制品价值20%以上50%以下的罚款。

第五十九条　取得烟草专卖批发企业许可证的单位违反本条例第二十五条第一款的规定，超越经营范围和地域范围，从事烟草制品批发业务的，由烟草专卖行政主管部门责令暂停经营批发业务，没收违法所得，处以违法经营的烟草制品价值10%以上20%以下的罚款。

第六十条　取得烟草专卖零售许可证的企业或者个人违反本条例第二十五条第二款的规定，未在当地烟草专卖批发企业进货的，由烟草专卖行政主管部门没收违法所得，可处以进货总额5%以上10%以下的罚款。

第六十一条　无烟草专卖零售许可证经营烟草制品零售业务的，

由工商行政管理部门或者由工商行政管理部门根据烟草专卖行政主管部门的意见，责令停止经营烟草制品零售业务，没收违法所得，处以违法经营总额20%以上50%以下的罚款。

第六十二条　违反本条例第二十七条、第四十条第一款规定销售非法生产的烟草专卖品的，由烟草专卖行政主管部门责令停止销售，没收违法所得，处以违法销售总额20%以上50%以下的罚款，并将非法销售的烟草专卖品公开销毁。

第六十三条　违反本条例规定，未取得国务院烟草专卖行政主管部门颁发的烟草专卖批发企业许可证，擅自跨省、自治区、直辖市从事烟草制品批发业务的，由烟草专卖行政主管部门处以批发总额10%以上20%以下的罚款。

第六十四条　违反本条例第二十八条、第三十八条第二款规定，为无烟草专卖许可证的单位或者个人提供烟草专卖品的，由烟草专卖行政主管部门没收违法所得，并处以销售总额20%以上50%以下的罚款。

第六十五条　违反本条例第三十八条第一款规定，烟草专卖批发企业和烟草制品生产企业从无烟草专卖生产企业许可证、特种烟草专卖经营企业许可证的企业购买卷烟纸、滤嘴棒、烟用丝束、烟草专用机械的，由烟草专卖行政主管部门处以所购烟草专卖品价值50%以上一倍以下的罚款。

第六十六条　违反本条例第四十三条规定，免税进口的烟草制品不按规定存放在烟草制品保税仓库内的，可以处烟草制品价值50%以下的罚款。

第六十七条　违反本条例第四十四条规定，在海关监管区内经营免税的卷烟、雪茄烟没有在小包、条包上标注国务院烟草专卖行政主管部门规定的专门标志的，可以处非法经营总额50%以下的罚款。

第六十八条　违反本条例第五十一条的规定，拍卖企业未对竞买人进行资格验证，或者不接受烟草专卖行政主管部门的监督，擅自拍卖烟草专卖品的，由烟草专卖行政主管部门处以拍卖的烟草专卖品价值20%以上50%以下的罚款，并依法取消其拍卖烟草专卖品的资格。

第六十九条 依照《烟草专卖法》第三十条、第三十一条第一款规定，烟草专卖行政主管部门依法收购违法收购的烟叶，或者收购违法运输的烟草专卖品的，收购价格按照该烟草专卖品市场批发价格的70%计算。

第十一章 附 则

第七十条 本条例自发布之日起施行。

烟草专卖许可证管理办法

第一章 总 则

第一条 为了规范烟草专卖许可证管理，保护公民、法人和其他组织的合法权益，根据《中华人民共和国烟草专卖法》、《中华人民共和国行政许可法》、《中华人民共和国烟草专卖法实施条例》及相关法律、行政法规的规定，制定本办法。

第二条 本办法适用于中华人民共和国境内（含海关监管区、免税区等，港澳台地区除外）烟草专卖许可证的管理。

第三条 烟草专卖行政主管部门应当依照法定的权限、范围、条件和程序审批、发放烟草专卖许可证，并进行有效的监督管理。

第四条 公民、法人或者其他组织对烟草专卖行政主管部门发放的烟草专卖许可证，享有陈述权、申辩权；有权依法申请行政复议或者提起行政诉讼。其合法权益因烟草专卖行政主管部门违法发放烟草专卖许可证受到损害的，有权依法要求赔偿。

第五条　公民、法人或者其他组织依法取得的烟草专卖许可证受法律保护。

烟草专卖许可证所依据的法律、法规、规章修改、废止，或者办理烟草专卖许可证所依据的客观情况发生重大变化的，为了公共利益的需要，烟草专卖行政主管部门可以依法变更或者撤回已经生效的烟草专卖许可证。

第六条　本办法所称的烟草专卖许可证，包括烟草专卖生产企业许可证、烟草专卖批发企业许可证、特种烟草专卖经营企业许可证、烟草专卖零售许可证四类。

第七条　烟草专卖行政主管部门依法审批发放和管理烟草专卖许可证。

第二章　申请与受理

第八条　公民、法人或者其他组织从事烟草专卖品的生产、批发、零售、进出口等业务的，应当依法向烟草专卖行政主管部门申请领取烟草专卖许可证。

法人所属的不具备法人资格的单位单独领取烟草专卖生产企业许可证或者烟草专卖批发企业许可证的，其所属法人单位应当向相关的烟草专卖行政主管部门提出申请，并提交有关申请材料。

第九条　申请人一般以书面方式提出申请，也可以通过信函、电报、传真、电子数据交换和电子邮件等方式提出申请，并按烟草专卖行政主管部门要求填报格式文本。

申请人可以委托代理人提出申请。委托代理人提出申请的，应当提供委托人的授权委托书及代理人的身份证明。

第十条　烟草专卖行政主管部门应当根据申请人申请的不同事项确定申请类型，并要求提供相应的申请材料。

烟草专卖许可证申请类型包括新办申请、延续申请、变更申请、停业申请、恢复营业申请、歇业申请等。

第十一条　申请烟草专卖生产企业许可证，应当具备下列条件：

（一）有与生产烟草专卖品相适应的资金；

（二）有生产烟草专卖品所需要的技术、设备条件；

（三）符合国家烟草行业的产业政策要求及企业组织结构调整的需要；

（四）国务院烟草专卖行政主管部门规定的其他条件。

第十二条　申请烟草专卖批发企业许可证，应当具备下列条件：

（一）有与经营烟草制品批发业务相适应的资金；

（二）有固定的经营场所和必要的专业人员；

（三）符合烟草专卖批发企业合理布局的要求；

（四）国务院烟草专卖行政主管部门规定的其他条件。

第十三条　申请特种烟草专卖经营企业许可证，应当具备下列条件：

（一）有与经营特种烟草专卖品业务相适应的资金；

（二）有固定的经营场所和必要的专业人员；

（三）符合经营外国烟草专卖品业务合理布局的要求；

（四）国务院烟草专卖行政主管部门规定的其他条件。

第十四条　申请烟草专卖零售许可证，应当具备下列条件：

（一）有与经营烟草制品零售业务相适应的资金；

（二）有与住所相独立的固定经营场所；

（三）符合当地烟草制品零售点合理布局的要求；

（四）国务院烟草专卖行政主管部门规定的其他条件。

第十五条　本办法第十一条、第十二条、第十三条、第十四条所规定的国务院烟草专卖行政主管部门规定的其他条件，在实施前应当公布。

第十六条　制订烟草制品零售点合理布局规划时，应当根据辖区内的人口数量、交通状况、经济发展水平、消费能力等因素，在举行听证后确定零售点的合理布局。

烟草制品零售点合理布局规划、经营资金要求和经营场所条件，由县级以上烟草专卖行政主管部门制定，并报上一级烟草专卖行政主管部门备案。

第十七条　连锁经营企业在申请烟草专卖零售许可证时，应当由各个分店分别向所在地烟草专卖行政主管部门提出申请。

第十八条　外商投资的商业企业或者个体工商户不得从事烟草专卖品批发或者零售业务，不得以特许、吸纳加盟店及其他再投资等形式变相从事烟草专卖品经营业务。

第十九条　烟草专卖行政主管部门应当将办理烟草专卖许可证的条件、要求、程序、时限等需公示的内容通过公示栏、电子查询系统或者互联网等方式予以公示。

第二十条　办理烟草专卖许可证的场所应当公示下列内容：

（一）烟草专卖许可证名称；

（二）办理烟草专卖许可证所依据的法律、法规、规章；

（三）各类烟草专卖许可证的审批机关；

（四）申请烟草专卖许可证的条件；

（五）申请人需要提交的全部材料目录；

（六）烟草专卖许可证申请的方式、途径；

（七）烟草专卖许可证审批程序、时限；

（八）办理烟草专卖许可证的办公场所准确地址、联系方式；

（九）其他需要公示的内容。

第二十一条　申请人要求烟草专卖行政主管部门对公示内容予以说明、解释的，烟草专卖行政主管部门应当予以说明、解释，提供准确、可靠的信息。

第二十二条　烟草专卖行政主管部门对申请人提出的申请，应当根据下列情况分别作出处理：

（一）申请事项依法不需要取得烟草专卖许可证的，应当即时告知申请人不受理；

（二）申请事项不属于本烟草专卖行政主管部门法定职权范围的，应当即时作出不予受理的决定，并告知申请人向有关行政机关申请；

（三）申请材料存在可以当场更正的错误的，应当允许申请人当场更正；

（四）申请材料不齐全或者不符合法定形式的，应当当场或者在五日内以书面形式一次告知申请人需要补正的全部内容，逾期不告知的，自收到申请材料之日起即为受理；

（五）申请事项属于本烟草专卖行政主管部门法定职权范围，申请材料齐全、符合法定形式，或者申请人按照烟草专卖行政主管部门的要求提交全部补正申请材料的，烟草专卖行政主管部门应当受理烟草专卖许可证申请。

第二十三条　烟草专卖行政主管部门受理或者不予受理烟草专卖许可证申请，应当向申请人出具加盖专用印章和注明日期的书面凭证。

第三章　审批与发放

第二十四条　经审查，申请人的申请符合法定条件的，烟草专卖行政主管部门应当自受理申请之日起二十日内作出许可书面决定。二十日内不能作出决定的，经本单位负责人批准，可以延长十日，并应当将延长期限理由告知申请人。但法律、法规另有规定的，依照其规定。

烟草专卖行政主管部门应当自作出予以发放烟草专卖许可证决

定之日起十日内向申请人送达烟草专卖许可证。

第二十五条　依法作出不予发放烟草专卖许可证的书面决定的，应当向申请人说明理由，并告知申请人享有依法申请行政复议或者提起行政诉讼的权利。

第二十六条　有下列情形之一的，不予发放烟草专卖零售许可证：

（一）经营场所基于安全因素不适宜经营卷烟的；

（二）中、小学校周围；

（三）取消从事烟草专卖业务资格不满三年的；

（四）因申请人隐瞒有关情况或者提供虚假材料，烟草专卖行政主管部门作出不予受理或者不予发证决定后，申请人一年内再次提出申请的；

（五）因申请人以欺骗、贿赂等不正当手段取得的烟草专卖许可证被撤销后，申请人三年内再次提出申请的；

（六）未领取烟草专卖零售许可证经营烟草专卖品业务，并且一年内被执法机关处罚两次以上，在三年内申请领取烟草专卖零售许可证的；

（七）国务院烟草专卖行政主管部门规定的其他不予发证的情形。

第二十七条　烟草专卖行政主管部门依法作出发放烟草专卖许可证的情况应当公开，允许和方便公众查阅。

第二十八条　烟草专卖许可证的有效期限最长为五年，自发证之日起计算。

第四章　烟草专卖许可证的使用

第二十九条　取得烟草专卖许可证的，应当按照烟草专卖许可证的许可范围和有效期限依法生产和经营烟草专卖品。

第三十条　取得烟草专卖零售许可证的公民、法人或者其他组织，可以依法从事国产或者外国卷烟的零售业务，并在烟草专卖零售许可证标明的当地烟草批发企业进货。

第三十一条　烟草专卖许可证的持证人应当将取得的烟草专卖许可证正本摆放在经营场所的显著位置。

第三十二条　烟草专卖生产企业许可证、烟草专卖批发企业许可证、特种烟草专卖经营企业许可证的持证企业因企业类型发生改变的，应当重新申领烟草专卖许可证。

烟草专卖零售许可证的持证人因主体、企业类型或者地址发生改变的，应当重新申领烟草专卖零售许可证。

企业法人资格发生变化的，应当及时重新申请或者变更烟草专卖许可证。

第三十三条　烟草专卖许可证有效期届满需要继续生产经营的，应当在该烟草专卖许可证有效期届满三十日前向原发证机关提出延续申请。

第三十四条　烟草专卖许可证有效期届满需要继续生产经营的，因生产经营能力、条件发生重大变化导致不符合法定条件的或者有严重违法行为的，不予延续。

第五章　监督管理

第三十五条　烟草专卖许可证发证机关有权对辖区内取得烟草专卖许可证的公民、法人或者其他组织的生产经营活动进行监督检查，也可以授权或者委托下级烟草专卖行政主管部门进行监督检查。

第三十六条　上级烟草专卖行政主管部门应当加强对下级烟草专卖行政主管部门办理烟草专卖许可证的监督检查，及时纠正违法行为，并建立完善烟草专卖行政执法责任追究制度和考评机制。

第三十七条　监督检查可以采取书面检查、现场检查或者书面检查与现场检查相结合的方式。

烟草专卖行政主管部门可以依法对持证人生产经营的烟草专卖品进行抽样检查、检验、检测，对其生产经营场所（包括仓储场所）进行实地检查。检查时，可以查阅或者要求持证人提供有关情况和报送有关材料，持证人应当如实提供有关情况和材料。

第三十八条　监督检查的主要内容有：

（一）遵守烟草专卖法律、法规、规章的情况；

（二）名称或者字号、法定代表人（负责人）、经营地址、经营方式、经营范围、经营期限等重要事项，是否与烟草专卖许可证登记事项相符合；

（三）烟草专卖许可证变更、注销、延续等手续的执行和办理情况；

（四）国务院烟草专卖行政主管部门规定需要检查的其他事项。

第三十九条　烟草专卖行政主管部门依法对烟草专卖许可证持证人的生产经营活动进行监督检查时，应当有两名以上烟草专卖执法人员进行，并将监督检查的情况和处理结果予以记录，由监督检查人员签字后归档。公众可以查阅烟草专卖行政主管部门的监督检查记录。

第四十条　取得烟草专卖许可证的公民、法人或者其他组织，应当按照有关法律、法规、规章及本办法的规定接受烟草专卖行政主管部门的监督检查。

第四十一条　公民、法人或者其他组织不得利用自动售货机销售烟草制品。

除了取得烟草专卖生产企业许可证、烟草专卖批发企业许可证或者特种烟草专卖经营企业许可证的企业依法销售烟草专卖品外，任何公民、法人或者其他组织不得通过信息网络销售烟草专卖品。

第四十二条　任何企业或者个人不得涂改、伪造、变造烟草专卖许可证。不得买卖、出租、出借或者以其他形式非法转让烟草专卖许可证。

第四十三条　登记事项发生改变，取得烟草专卖许可证的公民、法人或者其他组织不依法进行变更登记的，烟草专卖行政主管部门应当责令其依法进行变更登记；拒绝变更登记的，应当取消其经营资格，收回烟草专卖许可证。

第四十四条　公民、法人或者其他组织未领取烟草专卖许可证擅自从事烟草专卖品生产经营活动的，烟草专卖行政主管部门应当依法查处。构成犯罪的，依法移送司法机关追究刑事责任。

第四十五条　有下列情形之一的，发证机关可以责令持证人暂停烟草专卖业务、进行整顿，直至取消其从事烟草专卖业务的资格：

（一）经检查不符合烟草专卖法、烟草专卖法实施条例及本办法规定条件的；

（二）买卖、出租、出借或者以其他形式非法转让烟草专卖许可证的；

（三）因违法生产经营烟草专卖品一年内被烟草专卖行政主管部门或者其他执法机关处罚两次以上的；

（四）被烟草专卖行政主管部门或者其他执法机关一次性查获假烟、走私烟50条以上的；

（五）因非法生产经营烟草专卖品被追究刑事责任的；

（六）不执行烟草专卖行政主管部门行政处罚决定的；

（七）被工商行政管理部门吊销营业执照的；

（八）持有烟草专卖批发企业许可证的企业，擅自将烟叶、卷烟纸、滤嘴棒、烟用丝束、烟草专用机械出售给无烟草专卖生产企业许可证、烟草专卖批发企业许可证企业的；

（九）法律、法规、规章规定的其他情形。

第四十六条　烟草专卖许可证的发证机关或者其上级烟草专卖行政主管部门发现有下列情形之一的，可以根据利害关系人的请求或者依职权撤销烟草专卖许可证，收回烟草专卖许可证：

（一）滥用职权、玩忽职守审批发放烟草专卖许可证的；

（二）超越职权审批发放烟草专卖许可证的；

（三）违反法定程序审批发放烟草专卖许可证的；

（四）对不具备申请资格或者不符合烟草专卖许可证申领条件的申请人审批发证的；

（五）依法可以撤销烟草专卖许可证的其他情形。

第四十七条　公民、法人或者其他组织以欺骗、贿赂等不正当手段取得烟草专卖许可证的，烟草专卖行政主管部门应当予以撤销并收回烟草专卖许可证。

第四十八条　烟草专卖品生产经营企业法人资格发生变更，需要收回烟草专卖许可证的，发证机关应当及时收回。

第四十九条　有下列情形之一的，发证机关应当依法注销烟草专卖许可证：

（一）烟草专卖许可证有效期限届满未延续的；

（二）烟草专卖许可证核定的经营主体为自然人，自然人死亡或者丧失民事行为能力的；

（三）烟草专卖许可证核定的经营主体为法人或者其他组织依法终止的；

（四）因不可抗力导致经营主体无法继续从事烟草专卖品生产经营业务的；

（五）法律、法规规定的应当注销烟草专卖许可证的其他情形。

第五十条　取得烟草专卖许可证的公民、法人或者其他组织需要停业的，应当在停业前七日内向发证机关提出停业申请，停业期限最长不得超过一年。停业期满或者提前恢复营业的，持证人应当向发证机关提出恢复营业的申请。

第五十一条　取得烟草专卖许可证的公民、法人或者其他组织停止经营业务一年以上不办理停业手续的，经发证机关公告三个月后仍未办理手续的，由发证机关收回烟草专卖许可证。

第五十二条　取得烟草专卖许可证的公民、法人或者其他组织在领取烟草专卖许可证后满六个月尚未开展生产经营活动的，视同歇业。烟草专卖行政主管部门应当收回其烟草专卖许可证。

第五十三条　取得烟草专卖生产企业许可证的企业，不得为无烟草专卖许可证的企业或者个人提供烟草专卖品加工服务。

第五十四条　取得烟草专卖许可证的企业，不得向无烟草专卖许可证的企业或者个人提供残次烟叶或者废弃的烟叶、烟末。不能回收利用的残次烟叶或者废弃的烟叶、烟末，应当予以销毁。

第六章　法律责任

第五十五条　因申请人隐瞒有关情况或者提供虚假材料的，应当不予受理或者不予发证，给予警告；申请人在一年内不得再次申请烟草专卖许可证。

第五十六条　因申请人以欺骗、贿赂等不正当手段取得的烟草专卖许可证被撤销的，申请人三年内不得再次提出申请。

第五十七条　使用涂改、伪造、变造的烟草专卖许可证的，由烟草专卖行政主管部门处以 1000 元以下的罚款。

第五十八条　违反本办法规定，不及时办理烟草专卖许可证变更、注销手续的，由烟草专卖行政主管部门责令改正，拒不改正的，处以 1000 元以下的罚款。

第五十九条　烟草专卖行政主管部门及其工作人员违反本办法的规定，有下列情形之一的，由其上级烟草专卖行政主管部门责令改正；情节严重的，对直接负责的主管人员和其他直接责任人员依法给予行政处分：

（一）对符合法定条件的申请不予受理的；

（二）不在办公场所公示依法应当公示的材料的；

（三）在受理、审查、发放烟草专卖许可证过程中，未向申请人、利害关系人履行法定告知义务的；

（四）申请人提交的申请材料不齐全、不符合法定形式，不一次告知申请人必须补正全部内容的；

（五）未依法说明不受理申请或者不发证理由的。

第六十条　烟草专卖行政主管部门工作人员办理烟草专卖许可证或者依法进行监督检查时，索取、收受他人财物或者谋取其他利益的，依法给予行政处分；构成犯罪的，依法追究刑事责任。

第六十一条　烟草专卖行政主管部门发放烟草专卖许可证，有下列情形之一的，由其上级烟草专卖行政主管部门责令改正，对直接负责的主管人员和其他直接责任人员依法给予行政处分；构成犯罪的，依法追究刑事责任：

（一）对不符合法定条件的申请人发放烟草专卖许可证或者超越法定职权发放烟草专卖许可证的；

（二）对符合法定条件的申请人不予发放烟草专卖许可证或者不在法定期限内发放烟草专卖许可证的。

第七章　附　　则

第六十二条　烟草专卖许可证的证件式样，由国务院烟草专卖行政主管部门统一规定。

第六十三条　本办法所称外商投资商业企业，包括中外合资企业、中外合作企业、外商独资企业、港澳台地区投资企业等。

第六十四条　本办法规定的期限以工作日计算，遇到法定节假日的，工作日顺延。

第六十五条　本办法由国家发展和改革委员会授权国务院烟草专卖行政主管部门负责解释。

第六十六条　本办法自 2007 年 3 月 7 日起施行。国家烟草专卖局 1998 年发布的《烟草专卖许可证管理办法》（国家烟草专卖局令第 2 号）同时废止。

本办法施行前各级烟草专卖行政主管部门发布的有关烟草专卖许可证的规定，制定机关应当依照本办法予以清理；不符合本办法规定的，自本办法施行之日起停止执行。

世界卫生组织烟草控制框架公约

序　言

本公约缔约方，决心优先考虑其保护公众健康的权利，认识到烟草的广泛流行是一个对公众健康具有严重后果的全球性问题，呼吁所有国家就有效、适宜和综合的国际应对措施开展尽可能广泛的国际合作。

虑及国际社会关于烟草消费和接触烟草烟雾对全世界健康、社会、经济和环境造成的破坏性后果的关注，严重关注全世界，特别是发展中国家，卷烟和其他烟草制品消费和生产的增加，以及它对家庭、穷人和国家卫生系统造成的负担。

认识到科学证据明确确定了烟草消费和接触烟草烟雾会造成死亡、疾病和残疾，以及接触烟草烟雾和以其他方式使用烟草制品与发生烟草相关疾病之间有一段时间间隔，还认识到卷烟和某些其他烟草制品经过精心加工，借以引起和维持对烟草的依赖，它们所含的许多化合物和它们所产生的烟雾具有药理活性、毒性、致突变性和致癌性，并且在主要国际疾病分类中将烟草依赖单独分类为一种疾病。

承认存在着明确的科学证据，表明孕妇接触烟草烟雾是儿童健康和发育的不利条件，深切关注全世界的儿童和青少年吸烟和其他形式烟草消费的增加，特别是开始吸烟的年龄愈来愈小，震惊于全世界妇女和少女吸烟及其他形式烟草制品消费的增加。

铭记妇女需充分参与各级决策和实施工作，并铭记需要有性别针对性的烟草控制战略。

深切关注土著居民吸烟和其他形式烟草消费处于高水平，严重关注旨在鼓励使用烟草制品的各种形式的广告、促销和赞助的影响，认识到需采取合作行动以取缔各种形式的卷烟和其他烟草制品非法贸易，包括走私、非法生产和假冒，承认各级烟草控制，特别是在发展中国家和经济转轨国家，需要与目前和预计的烟草控制活动需求相称的充足的财政和技术资源。

认识到需建立适宜的机制以应对有效地减少烟草需求战略所带来的长期社会和经济影响，铭记烟草控制规划可能在某些发展中国家和经济转轨国家造成的中、长期社会和经济困难，并认识到它们需要在国家制定的可持续发展战略的框架下获得技术和财政支持。

意识到许多国家正在开展的卓有成效的烟草控制工作，并赞赏世界卫生组织的领导以及联合国系统其他组织和机构与其他国际和区域政府间组织在发展烟草控制措施方面所作的努力。

强调不隶属于烟草业的非政府组织和民间社会其他成员，包括卫生专业机构，妇女、青年、环境和消费者团体，以及学术机构和卫生保健机构，对国家和国际烟草控制努力的特殊贡献，及其参与国家和国际烟草控制努力的极端重要性。

认识到需警惕烟草业阻碍或破坏烟草控制工作的任何努力，并需掌握烟草业采取的对烟草控制工作产生负面影响的活动，忆及联合国大会1966年12月16日通过的《经济、社会、文化权利国际公约》第12条规定人人有权享有能达到的最高的身心健康的标准，还忆及世界卫生组织《组织法》序言，它宣称享受最高而能获致之健康标准，为人人基本权利之一，不因种族、宗教、政治信仰、经济或社会情境各异，而分轩轾。

决心在考虑目前和有关的科学、技术和经济问题的基础上促进烟草控制措施，忆及联合国大会 1979 年 12 月 18 日通过的《消除对妇女一切形式歧视公约》规定，该公约各缔约国应采取适当的措施，在卫生保健领域消除对妇女的歧视，进一步忆及联合国大会 1989 年 11 月 20 日通过的《儿童权利公约》规定，该公约各缔约国确认儿童有权享有可达到的最高标准的健康。兹议定如下：

第 I 部分　引　言

第 1 条　术语的使用

为本公约目的：

（a）"非法贸易"系指法律禁止的，并与生产、装运、接收、持有、分发、销售或购买有关的任何行径或行为，包括意在便利此类活动的任何行径或行为；

（b）"区域经济一体化组织"系指若干主权国家组成的组织，它已由其成员国让渡处理一系列事项，包括就这些事项做出对其成员国有约束力的决定的授权（在相关处，"国家的"亦指区域经济一体化组织）；

（c）"烟草广告和促销"系指任何形式的商业性宣传、推介或活动，其目的、效果或可能的效果在于直接或间接地推销烟草制品或促进烟草使用；

（d）"烟草控制"系指通过消除或减少人群消费烟草制品和接触烟草烟雾，旨在促进其健康的一系列减少烟草供应、需求和危害的战略；

（e）"烟草业"系指烟草生产商、烟草制品批发商和进口商；

（f）"烟草制品"系指全部或部分由烟叶作为原材料生产的供抽吸、吸吮、咀嚼或鼻吸的制品；

（g）"烟草赞助"系指目的、效果或可能的效果在于直接或间接地推销烟草制品或促进烟草使用的，对任何事件、活动或个人的任何形式的捐助。

第 2 条　本公约与其他协定和法律文书的关系

1. 为了更好地保护人类健康，鼓励各缔约方实施本公约及其议定书要求之外的其他措施，这些文书不应阻碍缔约方实行符合其规定并符合国际法的更加严格的要求。

2. 本公约及其议定书的各项规定决不影响各缔约方就与本公约及其议定书有关的事项或本公约及其议定书之外的其他事项达成双边或多边协定，包括区域或次区域协定的权利，只要此类协定与本公约及其议定书所规定的义务相一致。有关缔约方应通过秘书处将此类协定通报缔约方会议。

第Ⅱ部分　目标、指导原则和一般义务

第 3 条　目标

本公约及其议定书的目标是提供一个由各缔约方在国家、区域和全球各级实施烟草控制措施的框架，以便使烟草使用和接触烟草烟雾持续大幅度下降，从而保护当代和后代免受烟草消费和接触烟草烟雾对健康、社会、环境和经济造成的破坏性影响。

第 4 条　指导原则

各缔约方为实现本公约及其议定书的目标和实施其各项规定，除其他外，应遵循下列指导原则：

1. 宜使人人了解烟草消费和接触烟草烟雾造成的健康后果、成瘾性和致命威胁，并宜在适当的政府级别考虑有效的立法、实施、行政或其他措施，以保护所有人免于接触烟草烟雾。

2. 在国家、区域和国际层面需要强有力的政治承诺以制定和支持多部门的综合措施和协调一致的应对行动，考虑：

（a）需采取措施防止所有人接触烟草烟雾；

（b）需采取措施防止初吸，促进和支持戒烟以及减少任何形式的烟草制品消费；

（c）需采取措施促进土著居民和社区参与制定、实施和评价在社会和文化方面与其需求和观念相适应的烟草控制规划；

（d）需采取措施，在制定烟草控制战略时考虑不同性别的风险。

3. 结合当地文化、社会、经济、政治和法律因素开展国际合作，尤其是技术转让、知识和经济援助以及提供相关专长，以制定和实施有效烟草控制规划，是本公约的一个重要组成部分。

4. 在国家、区域和全球各级采取多部门综合措施和对策以减少所有烟草制品的消费至关重要，以便根据公共卫生原则防止由烟草消费和接触烟草烟雾引起的疾病、过早丧失功能和死亡的发生。

5. 各缔约方在其管辖范围内明确与责任相关的事项是烟草综合控制的重要部分。

6. 宜在国家制定的可持续发展战略框架下认识和强调技术和财政援助的重要性，以便帮助发展中国家缔约方和经济转轨国家缔约方因烟草控制规划而使其生计受到严重影响的烟草种植者和工人进行经济过渡。

7. 为了实现本公约及其议定书的目标，民间社会的参与是必要的。

第 5 条　一般义务

1. 每一缔约方应根据本公约及其作为缔约方的议定书，制定、实施、定期更新和审查国家多部门综合烟草控制战略、计划和规划。

2. 为此目的，每一缔约方应根据其能力：

（a）设立或加强并资助国家烟草控制协调机构或联络点；和

（b）采取和实行有效的立法、实施、行政和/或其他措施并酌情与其他缔约方合作，以制定适当的政策，防止和减少烟草消费、尼古丁成瘾和接触烟草烟雾。

3. 在制定和实施烟草控制方面的公共卫生政策时，各缔约方应根据国家法律采取行动，防止这些政策受烟草业的商业和其他既得利益的影响。

4. 各缔约方应开展合作，为实施本公约及其作为缔约方的议定书制定提议的措施、程序和准则。

5. 各缔约方应酌情同有关国际和区域政府间组织及其他机构合作，以实现本公约及其作为缔约方的议定书的目标。

6. 各缔约方应在其拥有的手段和资源范围内开展合作，通过双边和多边资助机制为本公约的有效实施筹集财政资源。

第Ⅲ部分　减少烟草需求的措施

第6条　减少烟草需求的价格和税收措施

1. 各缔约方承认价格和税收措施是减少各阶层人群特别是青少年烟草消费的有效和重要手段。

2. 在不损害各缔约方决定和制定其税收政策的主权时，每一缔约方宜考虑其有关烟草控制的国家卫生目标，并酌情采取或维持可包括以下方面的措施：

（a）对烟草制品实施税收政策并在适宜时实施价格政策，以促进旨在减少烟草消费的卫生目标；和

（b）酌情禁止或限制向国际旅行者销售和/或由其进口免除国内税和关税的烟草制品。

3. 各缔约方应根据第21条在向缔约方会议提交的定期报告中提供烟草制品税率及烟草消费趋势。

第7条　减少烟草需求的非价格措施

各缔约方承认综合的非价格措施是减少烟草消费的有效和重要手段。每一缔约方应采取和实行依照第8条至第13条履行其义务所必要的有效的立法、实施、行政或其他措施，并应酌情为其实施直接或通过有关国际机构开展相互合作。缔约方会议应提出实施这些

条款规定的适宜准则。

第 8 条 防止接触烟草烟雾

1. 各缔约方承认科学已明确证实接触烟草烟雾会造成死亡、疾病和功能丧失。

2. 每一缔约方应在国家法律规定的现有国家管辖范围内采取和实行，并在其他司法管辖权限内积极促进采取和实行有效的立法、实施、行政和/或其他措施，以防止在室内工作场所、公共交通工具、室内公共场所，适当时，包括其他公共场所接触烟草烟雾。

第 9 条 烟草制品成分管制

缔约方会议应与有关国际机构协商提出检测和测量烟草制品成分和燃烧释放物的指南以及对这些成分和释放物的管制指南。经有关国家当局批准，每一缔约方应对此类检测和测量以及此类管制采取和实行有效的立法、实施和行政或其他措施。

第 10 条 烟草制品披露的规定

每一缔约方应根据其国家法律采取和实行有效的立法、实施、行政或其他措施，要求烟草制品生产商和进口商向政府当局披露烟草制品成分和释放物的信息。每一缔约方应进一步采取和实行有效措施以公开披露烟草制品有毒成分和它们可能产生的释放物的信息。

第 11 条 烟草制品的包装和标签

1. 每一缔约方应在本公约对该缔约方生效后三年内，根据其国家法律采取和实行有效措施以确保：

（a）烟草制品包装和标签不得以任何虚假、误导、欺骗或可能对其特性、健康影响、危害或释放物产生错误印象的手段推销一种烟草制品，包括直接或间接产生某一烟草制品比其他烟草制品危害小的虚假印象的任何词语、描述、商标、图形或任何其他标志。其可包括"低焦油"、"淡味"、"超淡味"或"柔和"等词语；和

（b）在烟草制品的每盒和单位包装及这类制品的任何外部包装和标签上带有说明烟草使用有害后果的健康警语，并可包括其他适

宜信息。这些警语和信息：

（i）应经国家主管当局批准；

（ii）应轮换使用；

（iii）应是大而明确、醒目和清晰的；

（iv）宜占据主要可见部分的 50% 或以上，但不应少于 30%；

（v）可采取或包括图片或象形图的形式。

2. 除本条第 1（b）款规定的警语外，在烟草制品的每盒和单位包装及这类制品的任何外部包装和标签上，还应包含国家当局所规定的有关烟草制品成分和释放物的信息。

3. 每一缔约方应规定，本条第 1（b）款以及第 2 款规定的警语和其他文字信息，应以其一种或多种主要语言出现在烟草制品每盒和单位包装及这类制品的任何外部包装和标签上。

4. 就本条而言，与烟草制品有关的"外部包装和标签"一词，适用于烟草制品零售中使用的任何包装和标签。

第 12 条　教育、交流、培训和公众意识

每一缔约方应酌情利用现有一切交流手段，促进和加强公众对烟草控制问题的认识。为此目的，每一缔约方应采取和实行有效的立法、实施、行政或其他措施以促进：

（a）广泛获得有关烟草消费和接触烟草烟雾对健康危害，包括成瘾性的有效综合的教育和公众意识规划；

（b）有关烟草消费和接触烟草烟雾对健康的危害，以及第 14.2 条所述的戒烟和无烟生活方式的益处的公众意识；

（c）公众根据国家法律获得与本公约目标有关的关于烟草业的广泛信息；

（d）针对诸如卫生工作者、社区工作者、社会工作者、媒体工作者、教育工作者、决策者、行政管理人员和其他有关人员的有关烟草控制的有效适宜的培训或宣传和情况介绍规划；

（e）与烟草业无隶属关系的公立和私立机构以及非政府组织在

制定和实施部门间烟草控制规划和战略方面的意识和参与；以及

（f）有关烟草生产和消费对健康、经济和环境的不利后果信息的公众意识和获得。

第 13 条　烟草广告、促销和赞助

1. 各缔约方认识到广泛禁止广告、促销和赞助将减少烟草制品的消费。

2. 每一缔约方应根据其宪法或宪法原则广泛禁止所有的烟草广告、促销和赞助。根据该缔约方现有的法律环境和技术手段，其中应包括广泛禁止源自本国领土的跨国广告、促销和赞助。就此，每一缔约方在公约对其生效后的五年内，应采取适宜的立法、实施、行政和/或其他措施，并应按第 21 条的规定相应地进行报告。

3. 因其宪法或宪法原则而不能采取广泛禁止措施的缔约方，应限制所有的烟草广告、促销和赞助。根据该缔约方目前的法律环境和技术手段，应包括限制或广泛禁止源自其领土并具有跨国影响的广告、促销和赞助。就此，每一缔约方应采取适宜的立法、实施、行政和/或其他措施并按第 21 条的规定相应地进行报告。

4. 根据其宪法或宪法原则，每一缔约方至少应：

（a）禁止采用任何虚假、误导或欺骗或可能对其特性、健康影响、危害或释放物产生错误印象的手段，推销烟草制品的所有形式的烟草广告、促销和赞助；

（b）要求所有烟草广告，并在适当时包括促销和赞助带有健康或其他适宜的警语或信息；

（c）限制采用鼓励公众购买烟草制品的直接或间接奖励手段；

（d）对于尚未采取广泛禁止措施的缔约方，要求烟草业向有关政府当局披露用于尚未被禁止的广告、促销和赞助的开支。根据国家法律，这些政府当局可决定向公众公开并根据第 21 条向缔约方会议提供这些数字；

（e）在五年之内，在广播、电视、印刷媒介和酌情在其他媒体如因特网上广泛禁止烟草广告、促销和赞助，如某一缔约方因其宪法或宪法原则而不能采取广泛禁止的措施，则应在上述期限内和上述媒体中限制烟草广告、促销和赞助；以及

（f）禁止对国际事件、活动和/或其参加者的烟草赞助；若缔约方因其宪法或宪法原则而不能采取禁止措施，则应限制对国际事件、活动和/或其参加者的烟草赞助。

5. 鼓励缔约方实施第4款所规定义务之外的措施。

6. 各缔约方应合作发展和促进消除跨国界广告的必要技术和其他手段。

7. 已实施禁止某些形式的烟草广告、促销和赞助的缔约方有权根据其国家法律禁止进入其领土的此类跨国界烟草广告、促销和赞助，并实施与源自其领土的国内广告、促销和赞助所适用的相同处罚。本款并不构成对任何特定处罚的认可或赞成。

8. 各缔约方应考虑制定一项议定书，确定需要国际合作的广泛禁止跨国界广告、促销和赞助的适当措施。

第14条　与烟草依赖和戒烟有关的降低烟草需求的措施

1. 每一缔约方应考虑到国家现状和重点，制定和传播以科学证据和最佳实践为基础的适宜、综合和配套的指南，并应采取有效措施以促进戒烟和对烟草依赖的适当治疗。

2. 为此目的，每一缔约方应努力：

（a）制定和实施旨在促进戒烟的有效的规划，诸如在教育机构、卫生保健设施、工作场所和体育环境等地点的规划；

（b）酌情在卫生工作者、社区工作者和社会工作者的参与下，将诊断和治疗烟草依赖及对戒烟提供的咨询服务纳入国家卫生和教育规划、计划和战略；

（c）在卫生保健设施和康复中心建立烟草依赖诊断、咨询、预防和治疗的规划；以及

（d）依照第22条的规定，与其他缔约方合作促进获得可负担得

起的对烟草依赖的治疗，包括药物制品。此类制品及其成分适当时可包括药品、给药所用的产品和诊断制剂。

第Ⅳ部分　减少烟草供应的措施

第 15 条　烟草制品非法贸易

注：在谈判前和整个谈判期间关于及早制定有关烟草制品非法贸易的议定书已有一定的讨论。制定这一议定书的谈判可以在通过《烟草控制框架公约》后立即由政府间谈判机构启动，或在更晚的阶段，由缔约方会议启动。

1. 各缔约方认识到消除一切形式的烟草制品非法贸易，包括走私、非法生产和假冒，以及制定和实施除次区域、区域和全球协定之外的有关国家法律，是烟草控制的基本组成部分。

2. 每一缔约方应采取和执行有效的立法、实施、行政或其他措施，以确保所有烟草制品每盒和单位包装以及此类制品的任何外包装有标志以协助各缔约方确定烟草制品的来源，并且根据国家法律和有关的双边或多边协定协助各缔约方确定转移地点并监测、记录和控制烟草制品的流通及其法律地位。此外，每一缔约方应：

（a）要求在其国内市场用于零售和批发的烟草制品的每盒和单位包装带有一项声明："只允许在（插入国家、地方、区域或联邦的地域名称）销售"，或含有说明最终目的地或能帮助当局确定该产品是否可在国内市场合法销售的任何其他有效标志；和

（b）酌情考虑发展实用的跟踪和追踪制度以进一步保护销售系统并协助调查非法贸易。

3. 每一缔约方应要求以清晰的形式和/或以本国一种或多种主要语言提供本条第 2 款中规定的包装信息或标志。

4. 为消除烟草制品非法贸易，每一缔约方应：

（a）监测和收集关于烟草制品跨国界贸易，包括非法贸易的数

据，并根据国家法律和适用的有关双边或多边协定在海关、税务和其他有关部门之间交换信息；

（b）制定或加强立法，通过适当的处罚和补救措施，打击包括假冒和走私卷烟在内的烟草制品非法贸易；

（c）采取适当措施，确保在可行的情况下采用有益于环境的方法，销毁或根据国家法律处理没收的所有生产设备、假冒和走私卷烟及其他烟草制品；

（d）采取和实施措施，以监测、记录和控制在其管辖范围内持有或运送的免除国内税或关税的烟草制品的存放和销售；以及

（e）酌情采取措施，使之能没收烟草制品非法贸易所得。

5. 根据第21条的规定，各缔约方应在给缔约方会议的定期报告中酌情以汇总形式提供依照本条第4（a）和4（d）款收集的信息。

6. 各缔约方应酌情并根据国家法律促进国家机构以及有关区域和国际政府间组织之间在调查、起诉和诉讼程序方面的合作，以便消除烟草制品非法贸易。应特别重视区域和次区域级在打击烟草制品非法贸易方面的合作。

7. 每一缔约方应努力采取和实施进一步措施，适宜时，包括颁发许可证，以控制或管制烟草制品的生产和销售，从而防止非法贸易。

第16条　向未成年人销售和由未成年人销售

1. 每一缔约方应在适当的政府级别采取和实行有效的立法、实施、行政或其他措施禁止向低于国内法律、国家法律规定的年龄或18岁以下者出售烟草制品。这些措施可包括：

（a）要求所有烟草制品销售者在其销售点内设置关于禁止向未成年人出售烟草的清晰醒目告示，并且当有怀疑时，要求每一购买烟草者提供适当证据证明已达到法定年龄；

（b）禁止以可直接选取烟草制品的任何方式，例如售货架等出售此类产品；

（c）禁止生产和销售对未成年人具有吸引力的烟草制品形状的糖果、点心、玩具或任何其他实物；以及

（d）确保其管辖范围内的自动售烟机不能被未成年人所使用，且不向未成年人促销烟草制品。

2. 每一缔约方应禁止或促使禁止向公众尤其是未成年人免费分发烟草制品。

3. 每一缔约方应努力禁止分支或小包装销售卷烟，因这种销售会提高未成年人对此类制品的购买能力。

4. 各缔约方认识到，防止向未成年人销售烟草制品的措施宜酌情与本公约中所包含的其他规定一并实施，以提高其有效性。

5. 当签署、批准、接受、核准或加入本公约时，或在其后的任何时候，缔约方可通过有约束力的书面声明表明承诺在其管辖范围内禁止使用自动售烟机，或在适宜时完全禁止自动售烟机。依据本条所作的声明应由保存人周知本公约所有缔约方。

6. 每一缔约方应采取和实行有效的立法、实施、行政或其他措施，包括对销售商和批发商实行处罚，以确保遵守本条第1-5款中包含的义务。

7. 每一缔约方宜酌情采取和实行有效的立法、实施、行政或其他措施，禁止由低于国内法律、国家法律规定的年龄或18岁以下者销售烟草制品。

第17条　对经济上切实可行的替代活动提供支持

各缔约方应相互合作并与有关国际和区域政府间组织合作，为烟草工人、种植者，以及在某些情况下对个体销售者酌情促进经济上切实可行的替代生计。

第V部分　保护环境

第18条　保护环境和人员健康

各缔约方同意在履行本公约之下的义务时，在本国领土内的烟草种植和生产方面对保护环境和与环境有关的人员健康给予应有的注意。

第Ⅵ部分　与责任有关的问题

第 19 条　责任

1. 为烟草控制的目的，必要时，各缔约方应考虑采取立法行动或促进其现有法律，以处理刑事和民事责任，适当时包括赔偿。

2. 根据第 21 条的规定，各缔约方应相互合作，通过缔约方会议交换信息，包括：

（a）根据第 20.3（a）条有关烟草制品消费和接触烟草烟雾对健康影响的信息；和

（b）已生效的立法、法规以及相关判例的信息。

3. 各缔约方在适当时并经相互同意，在其国家立法、政策、法律惯例和可适用的现有条约安排的限度内，就本公约涉及的民事和刑事责任的诉讼相互提供协助。

4. 本公约应不以任何方式影响或限制缔约方已有的、相互利用对方法院的任何权力。

5. 如可能，缔约方会议可在初期阶段，结合有关国际论坛正在开展的工作，审议与责任有关的事项，包括适宜的关于这些事项的国际方式和适宜的手段，以便应缔约方的要求支持其根据本条进行立法和其他活动。

第Ⅶ部分　科学和技术合作与信息通报

第 20 条　研究、监测和信息交换

1. 各缔约方承诺开展和促进烟草控制领域的国家级的研究，并在区域和国际层面内协调研究规划。为此目的，每一缔约方应：

（a）直接或通过有关国际和区域政府间组织及其他机构，启动研究和科学评估并在该方面进行合作，以促进和鼓励有关烟草消费和接触烟草烟雾的影响因素和后果的研究及确定替代作物的研究；和

（b）在相关国际和区域政府间组织及其他机构的支持下，促进和加强对所有从事烟草控制活动，包括从事研究、实施和评价人员的培训和支持。

2. 各缔约方应酌情制定烟草消费和接触烟草烟雾的流行规模、模式、影响因素和后果的国家、区域和全球的监测规划。为此，缔约方应将烟草监测规划纳入国家、区域和全球健康监测规划，使数据具有可比性，并在适当时在区域和国际层面进行分析。

3. 各缔约方认识到国际和区域政府间组织及其他机构提供的财政和技术援助的重要性。

各缔约方应努力：

（a）逐步建立烟草消费和有关社会、经济及健康指标的国家级的流行病学监测体系；

（b）在区域和全球烟草监测，以及关于本条第3（a）款所规定指标的信息交换方面与相关的国际和区域政府间组织及其他机构合作，包括政府机构和非政府机构；以及

（c）与世界卫生组织合作，针对烟草相关监测资料的收集、分析和传播制定一般的指导原则或工作程序。

4. 各缔约方应根据国家法律促进和便利可公开获得的与本公约有关的科学、技术、社会经济、商业和法律资料以及有关烟草业业务和烟草种植的信息交换，同时这种做法应考虑并注意到发展中国家及经济转轨国家缔约方的特殊需求。每一缔约方应努力：

（a）逐步建立和保持更新的烟草控制法律和法规，及适当的执法情况和相关判例数据库，并合作制定区域和全球烟草控制规划；

（b）根据本条第 3（a）款逐步建立和保持国家监测规划的更新数据；以及

（c）与有关国际组织合作，逐步建立并保持全球系统，定期收集和传播烟草生产、加工和对本公约或国家烟草控制活动有影响的烟草业有关活动的信息。

5. 各缔约方宜在其为成员的区域和国际政府间组织，以及金融和开发机构中进行合作，促进和鼓励向本公约秘书处提供技术和财务资源，以协助发展中国家缔约方及经济转轨国家缔约方履行其关于研究、监测和信息交换的承诺。

第 21 条　报告和信息交换

1. 各缔约方应定期通过秘书处向缔约方会议提交实施本公约的情况报告，其中宜包括以下方面：

（a）为执行本公约所采取的立法、实施、行政或其他措施的信息；

（b）在本公约实施中遇到的任何制约或障碍以及为克服这些障碍所采取措施的适宜信息；

（c）为烟草控制活动提供或接受的财政和技术援助的适宜信息；

（d）第 20 条中规定的监测和研究信息；以及

（e）第 6.3、13.2、13.3、13.4（d）、15.5 和 19.2 条中规定的信息。

2. 各缔约方提供此类报告的频率和格式应由缔约方会议确定。各缔约方应在本公约对其生效后两年内提供第一次报告。

3. 依照第 22 和 26 条，缔约方会议应考虑作出安排，以便协助有此要求的发展中国家缔约方和经济转轨国家缔约方履行其在本条下的义务。

4. 依照本公约进行的报告和信息交换应遵循本国有关保密和隐私权的法律。经共同商定，各缔约方应对交换的机密信息提供保护。

第 22 条　科学、技术和法律方面的合作及有关专业技术的提供

1. 考虑到发展中国家缔约方和经济转轨国家缔约方的需求，各缔约方应直接或通过有关国际机构进行合作，以增强履行由本公约产生的各项义务的能力。经相互同意，此类合作应促进技术、科学和法律专长及工艺技术的转让，以制定和加强国家烟草控制战略、计划和规划。除其他外，其目的是：

（a）促进与烟草控制有关的技术、知识、技能、能力和专长的开发、转让和获得；

（b）除其他外，通过下列方式提供技术、科学、法律和其他专业技术专长，其目的是制定和加强国家烟草控制战略、计划和规划以执行本公约：

（i）根据要求，协助建立强有力的立法基础以及技术规划，包括预防初吸、促进戒烟和防止接触烟草烟雾的规划；

（ii）以经济上切实可行的方式酌情帮助烟草工人开发经济上和法律上切实可行的适宜的替代生计；以及

（iii）以经济上切实可行的方式酌情帮助烟草种植者从烟草种植转向其他替代农作物；

（c）根据第 12 条支持对有关人员的适宜的培训或宣传规划；

（d）酌情为烟草控制战略、计划和规划提供必要的物资、设备、用品和后勤支持；

（e）确定烟草控制方法，包括对尼古丁成瘾的综合治疗；以及

（f）酌情促进对综合治疗尼古丁成瘾方法的研究，以增强对该方法的经济承受能力。

2. 缔约方会议应利用根据第 26 条获得的财政支持，促进和推动技术、科学和法律专长以及工艺的转让。

第Ⅷ部分 机构安排和财政资源

第 23 条 缔约方会议

1. 特此设立缔约方会议。缔约方会议第一次会议应由世界卫生组织于本公约生效后一年内召开。缔约方会议将在其第一次会议上决定其后的常会地点和时间。

2. 缔约方会议可于其认为必要的其他时间，或经任何缔约方书面要求，在公约秘书处将该要求通报各缔约方后六个月内至少有三分之一缔约方表示支持的情况下，举行特别会议。

3. 缔约方会议应在其第一次会议上以协商一致的方式通过其《议事规则》。

4. 缔约方会议应以协商一致的方式通过其本身的以及指导资助任何可能设立的附属机构的财务细则以及管理秘书处运转的财务规则。它应在每次常会上通过直至下次常会的财务周期预算。

5. 缔约方会议应定期审评本公约的实施情况和做出促进公约有效实施的必要决定，并可根据第28、29和33条通过议定书、附件及对公约的修正案。为此目的，它应：

（a）促进和推动依照第20和21条进行的信息交换；

（b）促进和指导除第20条的规定外与实施本公约有关的研究和数据收集的可比方法的制订和定期改进；

（c）酌情促进战略、计划、规划以及政策、立法和其他措施的制定、实施和评价；

（d）审议各缔约方根据第21条提交的报告并通过关于本公约实施情况的定期报告；

（e）根据第26条促进和推动实施本公约的财政资源的筹集；

（f）设立为实现本公约的目标所需的附属机构；

（g）酌情要求联合国系统的适当和相关组织和机构、其他国际和区域政府间组织以及非政府组织和机构为加强本公约的实施提供服务、合作和信息；以及

（h）依据实施本公约所取得的经验，酌情考虑采取其他行动以实现本公约的目标。

6. 缔约方会议应制订观察员参加其会议的标准。

第 24 条　秘书处

1. 缔约方会议应指定一个常设秘书处并为其运转作出安排。缔约方会议应努力在其第一次会议完成此项工作。

2. 在指定和成立常设秘书处之前，本公约秘书处的职能应由世界卫生组织提供。

3. 秘书处的职能应为：

（a）为缔约方会议及任何附属机构的各届会议作出安排并提供所需的服务；

（b）转递它收到的依照本公约提交的报告；

（c）在公约规定提供的信息的汇编和交换方面，向提出要求的各缔约方，特别是发展中国家缔约方和经济转轨国家缔约方提供支持；

（d）在缔约方会议的指导下，编写其在本公约下开展活动的报告，并提交给缔约方会议；

（e）在缔约方会议的指导下，确保与有关国际和区域政府间组织及其他机构的必要协调；

（f）在缔约方会议的指导下，为有效履行其职能，进行有关行政或契约安排；以及

（g）履行本公约及其任何议定书所规定的其他秘书处职能和缔约方会议可能决定的其他职能。

第 25 条　缔约方会议与政府间组织的关系

为了提供实现本公约目标所需的技术和财政合作，缔约方会议可要求有关国际和区域政府间组织，包括金融和开发机构开展合作。

第 26 条　财政资源

1. 各缔约方认识到财政资源在实现本公约目标方面发挥的重要作用。

2. 每一缔约方应根据其国家计划、优先事项和规划为其旨在实

现本公约目标的国家活动提供财政支持。

3. 各缔约方应酌情促进利用双边、区域、次区域和其他多边渠道，为制定和加强发展中国家缔约方和经济转轨国家缔约方的多部门综合烟草控制规划提供资金。因此，应在国家制定的可持续发展战略中强调和支持经济上切实可行的烟草生产替代生计，包括作物多样化。

4. 参加有关区域和国际政府间组织以及金融和开发机构的缔约方，应鼓励这些机构为发展中国家缔约方和经济转轨国家缔约方提供财政援助，以协助其实现本公约规定的义务，并且不限制其在这些组织中的参与权利。

5. 各缔约方同意：

（a）为协助各缔约方实现本公约规定的义务，宜筹集和利用一切可用于烟草控制活动的潜在的和现有的，无论公共的还是私人的财政、技术或其他资源，以使所有缔约方，尤其是发展中国家和经济转轨国家缔约方受益；

（b）秘书处应根据发展中国家缔约方和经济转轨国家缔约方的要求，通报现有的可用于帮助其实现公约规定义务的资金来源；

（c）缔约方会议应在其第一次会议上根据秘书处进行的研究和其他有关信息，审查现有和潜在的援助资源和机制，并考虑其充分性；以及

（d）缔约方会议应根据审查结果，确定加强现有机制或建立一个自愿全球基金或其他适当财政资源的必要性，以便为发展中国家缔约方和经济转轨国家缔约方的需求提供额外财政资源，帮助其实现本公约的目标。

第IX部分　争端解决

第27条　争端解决

1. 如两个或两个以上缔约方之间就本公约的解释或适用发生争端时，有关缔约方应通过外交途径谈判或寻求其自行选择的任何其他和平方式解决此争端，包括斡旋、调停或和解。未能通过斡旋、调停或和解达成一致的，并不免除争端各当事方继续寻求解决该争端的责任。

2. 当批准、接受、核准、正式确认或加入本公约时，或在其后的任何时候，国家或区域经济一体化组织可书面向保存人声明，对未能根据本条第 1 款解决的争端，其接受根据缔约方会议以协商一致方式通过的程序进行的特别仲裁作为强制性手段。

3. 除非有关议定书另有规定，本条规定应适用于各缔约方之间的任何议定书。

第 X 部分　公约的发展

第 28 条　公约的修正

1. 任何缔约方可提出对本公约的修正案。此类修正案将由缔约方会议进行审议。

2. 本公约的修正案应由缔约方会议通过。对本公约提出的任何修正案的案文，应由秘书处在拟议通过该修正案的会议之前至少六个月通报各缔约方。秘书处还应将提出的修正案案文通报本公约各签署方，并送交保存人以供参考。

3. 各缔约方应尽一切努力以协商一致方式，就对本公约提出的任何修正案达成协议。

如为谋求协商一致已尽了一切努力，仍未达成协议，作为最后的方式，该修正案应以出席会议并参加表决的缔约方四分之三多数票通过。为本条之目的，出席会议并参加表决的缔约方系指出席会议并投赞成或反对票的缔约方。通过的任何修正案应由秘书处送交保存人，再由保存人转送所有缔约方以供其接受。

4. 对修正案的接受文书应交存于保存人。根据本条第 3 款通过的修正案，对接受该修正案的缔约方，应于保存人收到本公约至少三分之二缔约方的接受文书之日后的第九十天起生效。

5. 对于任何其他缔约方，修正案应在该缔约方向保存人交存接受该修正案的接受书之日后第九十天起对其生效。

第 29 条 公约附件的通过和修正

1. 本公约的附件及其修正案应根据第 28 条中规定的程序提出、通过和生效。

2. 本公约的附件应构成本公约不可分割的组成部分，除另有明文规定外，凡提到本公约即同时提到其任何附件。

3. 附件应限于与程序、科学、技术或行政事项有关的清单、表格及任何其他描述性材料。

第 XI 部分 最后条款

第 30 条 保留

对本公约不得作任何保留。

第 31 条 退约

1. 自本公约对一缔约方生效之日起两年后，该缔约方可随时向保存人发出书面通知退出本公约。

2. 任何退出，应自保存人收到退出通知之日起一年期满时生效，或在退出通知中所指明的一年之后的某日期生效。

3. 退出本公约的任何缔约方应被视为也退出其作为缔约方的任何议定书。

第 32 条 表决权

1. 除本条第 2 款所规定外，本公约每一缔约方应有一票表决权。

2. 区域经济一体化组织在其权限内的事项上应行使票数与其作为本公约缔约方的成员国数目相同的表决权。如果一个此类组织的任一成员国行使自己的表决权，则该组织不得再行使表决权，反之亦然。

第33条 议定书

1. 任何缔约方可提议议定书。此类提案将由缔约方会议进行审议。

2. 缔约方会议可通过本公约的议定书。在通过议定书时，应尽一切努力达成一致意见。

如为谋求协商一致已尽了一切努力，仍未达成协议，作为最后的方式，该议定书应以出席会议并参加表决的缔约方四分之三多数票通过。为本条之目的，出席会议并参加表决的缔约方系指出席会议并投赞成或反对票的缔约方。

3. 提议的任何议定书文本，应由秘书处在拟议通过该议定书的会议至少六个月之前通报各缔约方。

4. 只有本公约的缔约方可成为议定书的缔约方。

5. 本公约的任何议定书只应对所述议定书的缔约方有约束力。只有某一议定书的缔约方可做出限于该议定书相关事项的决定。

6. 任何议定书的生效条件应由该议定书予以确定。

第34条 签署

本公约应自2003年6月16日至2003年6月22日在日内瓦世界卫生组织总部，其后自2003年6月30日至2004年6月29日在纽约联合国总部，开放供世界卫生组织所有会员国、非世界卫生组织会员国但系联合国成员国的任何国家以及区域经济一体化组织签署。

第35条 批准、接受、核准、正式确认或加入

1. 本公约应由各国批准、接受、核准或加入和各区域经济一体化组织正式确认或加入。

公约应自签署截止日之次日起开放供加入。批准、接受、核准、正式确认或加入的文书应交存于保存人。

2. 任何成为本公约缔约方而其成员均非缔约方的区域经济一体

化组织，应受本公约一切义务的约束。如那些组织的一个或多个成员国为本公约的缔约方，该组织及其成员国应决定各自在履行公约义务方面的责任。在此情况下，该组织及其成员国无权同时行使本公约规定的权利。

3. 区域经济一体化组织应在其有关正式确认的文书或加入的文书中声明其在本公约所规定事项上的权限。这些组织还应将其权限范围的任何重大变更通知保存人，再由保存人通知各缔约方。

第 36 条　生效

1. 本公约应自第四十份批准、接受、核准、正式确认或加入的文书交存于保存人之日后第九十天起生效。

2. 对于在本条第 1 款中规定的生效条件达到之后批准、接受、核准或加入本公约的每个国家，本公约应自其交存、批准、接受、核准或加入的文书之日后第九十天起生效。

3. 对于在达到本条第 1 款规定的生效条件之后交存正式确认的文书或加入的文书的每个区域经济一体化组织，本公约应自其交存正式确认或加入的文书之日后第九十天起生效。

4. 为本条之目的，区域经济一体化组织所交存的任何文书不应被视为该组织成员国所交存文书之外的额外文书。

第 37 条　保存人

联合国秘书长应为本公约及其修正案和根据第 28、29 和 33 条通过的议定书和附件的保存人。

第 38 条　作准文本

本公约正本交存于联合国秘书长，其阿拉伯文、中文、英文、法文、俄文和西班牙文文本同为作准。

下列签署人，经正式授权，在本公约上签字，以昭信守。

二〇〇三年五月二十一日订于日内瓦

图书在版编目（CIP）数据

中国烟草业规制问题研究：原因、措施与影响／申
珅著. -- 北京：社会科学文献出版社，2018.9
ISBN 978 - 7 - 5201 - 3615 - 0

Ⅰ.①中… Ⅱ.①申… Ⅲ.①烟草工业 - 经济发展 -
研究 - 中国 Ⅳ.①F426.89

中国版本图书馆 CIP 数据核字（2018）第 223531 号

中国烟草业规制问题研究
——原因、措施与影响

著　　者／申　珅

出 版 人／谢寿光
项目统筹／高　雁
责任编辑／冯咏梅

出　　版／社会科学文献出版社·经济与管理分社（010）59367226
　　　　　地址：北京市北三环中路甲 29 号院华龙大厦　邮编：100029
　　　　　网址：www. ssap. com. cn
发　　行／市场营销中心（010）59367081　59367018
印　　装／三河市尚艺印装有限公司

规　　格／开　本：787mm × 1092mm　1/16
　　　　　印　张：15.75　字　数：211 千字
版　　次／2018 年 9 月第 1 版　2018 年 9 月第 1 次印刷
书　　号／ISBN 978 - 7 - 5201 - 3615 - 0
定　　价／79.00 元

本书如有印装质量问题，请与读者服务中心（010 - 59367028）联系

▲ 版权所有 翻印必究